Knorr
Salat Krönung®

W0383363

100 Salate
Antipasti, Dips & Dressings

Lust auf frische Ideen

www.Knaur.de

Lust auf frische Ideen? Hier finden Sie über 100 Salatrezepte, Dips & Dressings, mehr als 150 Tipps rund um den Salatgenuss und 250 super Fotos, die Appetit machen.

Inhalt

Die knusprigen KNORR Salatkrönung Croutinos verlocken zum Pur-Essen und als knackiges Extra auf jedem Salat.

Mit Spaß zum Salatgenuss

Gelegenheit macht Liebe
Mit KNORR Salatkrönung kann jeder von uns sein Lieblingsdressing blitzschnell anmachen und immer wieder abwandeln. Und mit KNORR Salatkrönung Croutinos lassen wir es dann mal richtig krachen.

Zarte grüne Blätter, frisches Gemüse, duftende Kräuter, ein gutes Öl und die Vielfalt von KNORR Salatkrönung. So entstehen raffinierte Salate, für die man alles andere stehen lässt.

Salat macht an! Immer neue Gemüsespezialitäten faszinieren, der Teller füllt sich schnell in den prächtigsten Farben. Kein Wunder, dass Salate heute in jeder Rolle Starqualitäten entwickeln. Als Antipasti machen sie Lust aufs Hauptgericht, als knackig-frischer Snack befriedigen sie den kleinen Hunger und als bunt gemischte Wellness-Kreationen stehlen sie warmen Gerichten schnell mal die Schau. Viel Kreativität geht bei der Salatzubereitung auch ins Dressing: Schließlich verleiht es sowohl zarten Pflänzchen wie kräftigen Dickköpfen Charakter und Raffinesse.

Das Dressing macht's

KNORR Salatkrönung hat für jeden Geschmack ein eigenes Dressing-Angebot: vom aromatischen »Balsamico-Kräuter«-Dressing bis zum Klassiker »Würzige Gartenkräuter«, von zarten »Frühlingskräutern« bis zur »Mediterranen Art« für die einfache Zubereitung von Antipasti.

Insgesamt sind es 14 Kräuter- und Gewürz-Kompositionen, licht- und luftdicht in kleine Beutel verpackt. Ein echter Hit für alle, die Vinaigrettes lieben und gern abwechslungsreich essen.

Erfrischend unkompliziert

KNORR Salatkrönung hat eine riesige Fan-Gemeinde. Kaum ein anderes Dressing lässt sich so frisch und locker abwandeln. Wer seine Freunde »auf einen Salat« einlädt und neben Blättern und bunter Rohkost ein paar leckere Salatdressings (siehe Seite 6) und einen Teller mit knackigen Extras wie KNORR Salatkrönung Croutinos auf den Tisch stellt, kann garantiert mit einer dicken Portion Lob rechnen.

Lustvoll experimentiert

KNORR Salatkrönung setzt der Kreativität keine Grenzen, im Gegenteil: Seine verlässliche Qualität macht Experimente erst richtig reizvoll. Die vielen Rezepte in diesem Buch sind eine Einladung an jeden, der Lust auf frische Ideen hat. Selbst Freunde, die nicht unbedingt auf Grünzeug stehen, kriegen leuchtende Augen, wenn man zum Steak ein Chutney mit KNORR Salatkrönung (siehe Seite 9) anbietet oder zu einem Grillhähnchen ein exotisches Thai-Dressing serviert. Sogar Rezepte mit Retro-Charme wie etwa eingelegte Heringe lassen sich mit KNORR Salatkrönung ganz neu entdecken.

Lust auf Cremiges?

Herrlich lecker und fein gewürzt sind die sanft fließenden Dressings: KNORR Salatkrönung im praktischen 150 ml-Becher. 8 Geschmacksrichtungen laden zum Ausprobieren ein. Ein Becher KNORR Salatkrönung reicht für eine große Schüssel Salat. Ideal für Fans der ultra-fixen Salatküche.

Orangen-Minz-Dressing

Basilikum-Pesto

Tomaten-Dressing

Dips, Dressings & noch mehr

Einfach ausprobieren! Mit einem neuen Dressing können Lieblingssalate zur Sensation geraten und Pellkartoffeln zum Geheimtipp für Gourmets werden.

Tomaten-Dressing

Ein wunderbares Dressing zu Blattsalaten, Reis- und Nudelsalat. Als kalte Sauce zu Antipasti wie z. B. Zucchini. 2 Tomaten in kleine Würfel schneiden. 6 EL Wasser, 2 Beutel KNORR Salatkrönung »Basilikum-Kräuter«, 4 EL Olivenöl (z. B. BERTOLLI), 2 EL Keimöl und 1 durchgepresste Knoblauchzehe gut verrühren. Die Tomatenwürfel dazugeben.

Orangen-Minz-Dressing

Ein fruchtiges Dressing zu Gurkensalat, ein cremiger Dip zu knackigen Gemüsesticks oder eine kalte Sauce zu Frikadellen. Die Blättchen von 3–4 Zweigen frischer Minze klein schneiden. Mit 4 EL Orangensaft, 2 Beuteln KNORR Salatkrönung »Zwiebel-Kräuter«, 1 TL Zucker und ca. 300 g Joghurt verrühren.

Basilikum-Pesto

Schmeckt super als Dip zu Mozzarella, Tomaten oder als kalte Sauce zu Nudeln. Die Blätter von 1 Bund Basilikum hacken. 1 Knoblauchzehe pressen. 20 g Parmesan fein reiben. 1–2 EL Pinienkerne in einer Pfanne goldbraun rösten und hacken. Alles in eine Schale geben. 6 EL Wasser, 6 EL Olivenöl und 2 Beutel KNORR Salatkrönung »Frühlingskräuter« zufügen und gut verrühren.

RUCOLASAUCE

30 g Rucolablätter mit 150 g Joghurt pürieren. 1 Beutel KNORR Salatkrönung »Kräuter der Provence«, 1 TL Olivenöl und 1 durchgepresste Knoblauchzehe dazugeben und alles gut verrühren. Passt zu Blattsalaten, Tomaten- und Kartoffelsalat.

COCKTAILSAUCE

1 Becher KNORR Salatkrönung Crème fraîche-Dressing »Mediterrane Art« mit 1–2 EL Ketchup und 1 EL Weinbrand verrühren. Mit Salz und Pfeffer abschmecken. Passt zu Krabbencocktail, Geflügel- oder Fleischsalat.

Schnelle Dips zu Pellkartoffeln

Frühlings-Dip

150 g Möhren und 100 g Kohlrabi grob raspeln. 1 Beet Kresse mit der Küchenschere abschneiden. 1 EL Sonnenblumenkerne in einer Pfanne ohne Fett rösten. 1 Becher KNORR Salatkrönung Crème fraîche-Dressing »Mediterrane Art« mit den geraspelten Möhren, Kohlrabi, Kresse und den Sonnenblumenkernen verrühren.

Senf-Dip

1 Ei hart kochen und das Eigelb und Eiweiß getrennt fein hacken. 3 Frühlingszwiebeln in Ringe schneiden. 1 Beutel KNORR Salatkrönung »Französische Art« mit 250 g Magerquark, 4 EL Milch und 1 EL Senf verrühren. Eiweiß und Zwiebelringe darunter mischen, mit Pfeffer abschmecken und mit Eigelb bestreuen.

Ein Gäste-Essen, das im Trend liegt: Pellkartoffeln mit mehreren frischen Dips zum Aussuchen. Sieht toll aus und kostet nicht die Welt! Sogar Vegetarier kommen auf ihre Kosten.

Radieschen-Dip

1 Beutel KNORR Salatkrönung »Dill-Kräuter« mit 1 durchgepressten Knoblauchzehe, 5 EL Keimöl und 1 EL Ölivenöl verrühren. 150 g Radieschen in kleine Stifte schneiden und mit zusätzlich 2–3 EL Schnittlauchröllchen darunter mischen.

Marinierte Blumenkohlröschen

Zutaten für 4 Portionen

1 Blumenkohl (ca. 1 kg)
Salz
1 Bund Frühlingszwiebeln
1 rote Chilischote
2 Beutel KNORR Salatkrönung »Basilikum-Kräuter«
6 EL Tomatensaft
6 EL Keimöl, z.B. MAZOLA

Pro Portion

825 kJ/197 kcal, 4 g Eiweiß
16 g Fett, 9 g Kohlenhydrate

Zubereitungszeit: 15 min

1. Den Blumenkohl in Röschen teilen und in kochendem Salzwasser 5–8 Minuten garen. Die Röschen abgießen und abkühlen lassen.
2. Die Frühlingszwiebeln in Ringe schneiden. Die Chilischote entkernen und in sehr feine Streifen schneiden.
3. KNORR Salatkrönung mit Tomatensaft und Öl verrühren. Salatzutaten dazugeben und unter das Dressing mischen. Gut durchziehen lassen.

Picknick-Tipp: Der Kohl lässt sich gut am Tag vorher zubereiten. Am besten ist er in Einmachgläsern zu transportieren. Croutinos erst kurz vor dem Essen darüber streuen.

Heringe einlegen

Aus 250 ml Essig, 500 ml Wasser, 200 g Zucker, 2 Lorbeerblättern und 6 Pimentkörnern einen Sud kochen. Auskühlen lassen und 2 Beutel KNORR Salatkrönung »Dill-Kräuter« unterrühren. 3 Zwiebeln und 1 Möhre in Scheiben schneiden. 6 ausgenommene Salzheringe in Stücke schneiden, mit Zwiebeln und Möhren in ein hohes Glas schichten, mit Sud bedecken und das Glas verschließen.

Das knackt KNORR Salatkrönung Croutinos – und auch Ihre Kinder werden Salat lieben.

Apfel-Ingwer-Chutney

Für 1 1/4 l Chutney: 750 g säuerliche Äpfel schälen und vierteln. 2 rote Paprikaschoten halbieren, entkernen und in Stücke schneiden. 1 Stück Ingwerwurzel (ca. 20 g) schälen und in feine Scheiben schneiden. Alles mit 50 ml Apfelessig, 150 g braunem Zucker, 5 Gewürznelken, 1 Msp. Cayennepfeffer und 1 Beutel KNORR Salatkrönung »Paprika-Kräuter« in einen Topf geben und unter Rühren aufkochen. 30–40 Minuten bei schwacher Hitze kochen lassen. Das Chutney kochend heiß in Gläser füllen und gut verschließen. Das Apfel-Ingwer-Chutney passt hervorragend zu allen Schweinefleischgerichten und zu Fondue.

Tipp: Kühl und dunkel aufbewahrt hält sich das würzige Chutney gut ein halbes Jahr.

Thai-Dressing

Super zu Reissalat oder als klare Sauce zu gebratenem Geflügel: 2 Frühlingszwiebeln in Ringe schneiden, 1/2 rote Chilischote fein hacken. 100 ml Kokosmilch, 2 EL Zitronensaft, 1 Prise Zimt, 4 EL Maracujasaft, 1 EL Erdnussöl und 2 Beutel KNORR Salatkrönung »Küchenkräuter« verrühren, Frühlingszwiebeln und Chilischote unterrühren.

Vielfalt, die begeistert

Warum sollen die würzigen Kräuter und der raffiniert säuerliche Geschmack von KNORR Salatkrönung allein den Dressings vorbehalten sein? Ein Beutel der Geschmacksrichtung »Dill-Kräuter« gibt auch Fischmarinaden das gewisse Etwas. Knapp gegartes Gemüse wie Blumenkohl, Zucchini oder Möhren bekommt mit einer »Basilikum-Kräuter«-Marinade über Nacht die würzige Note. Und beim Chutney verbindet KNORR Salatkrönung Süße, Säure und exotische Schärfe.

Antipasti & Snacks

Schnell eine Portion Antipasti gefällig? Oder eine verführerische Kleinigkeit? Hier kommen die richtigen Rezepte: verlockend frisch und im Nu perfekt aufgetischt.

Rettichsalat mit Garnelen,
Rezept Seite 17

Frischkäse-Gurken-Snacks zu grünem Salat

Zutaten für 4 Portionen
1/2 rote Paprikaschote
2 Frühlingszwiebeln
40 g Kürbiskerne
200 g Doppelrahmfrischkäse
Salz, weißer Pfeffer
5 EL Olivenöl, z.B. BERTOLLI
1 Salatgurke
2 große oder 4 kleine Salatherzen
100–125 g Feldsalat
2 Beutel KNORR Salatkrönung
»Würzige Gartenkräuter«

Pro Portion
1575 kJ/377 kcal, 10 g Eiweiß
33 g Fett, 10 g Kohlenhydrate

Zubereitungszeit: 20 min

1. Die Paprikaschote würfeln und die Frühlingszwiebeln in feine Ringe schneiden. Die Kürbiskerne hacken. Frischkäse mit den Zwiebelringen, der Hälfte der Kürbiskerne, etwas Salz, Pfeffer und 1 EL Olivenöl mischen.
2. Die Gurke in ca. 2 cm dicke Scheiben schneiden und in der Mitte mit einem Teelöffel etwas aushöhlen. Auf jede Gurkenscheibe einen Klecks Frischkäsecreme setzen.
3. Die Salatherzen zerkleinern und zusammen mit dem Feldsalat und den Gurkensnacks auf Tellern anrichten. Die restlichen Kürbiskerne und die Paprikawürfel darüber streuen.
4. KNORR Salatkrönung mit 6 EL Wasser und 4 EL Olivenöl verrühren und das Kräuterdressing über den Salat träufeln.

Blütenzauber: Die Blüten vieler Kräuter sind nicht nur eine hübsche Dekoration, man kann sie auch essen. Sie schmecken häufig sogar besonders würzig. Unser Tipp: Die Frischkäse-Gurken-Snacks im Sommer mit lavendelblauen Borretschblüten garnieren.

Ein dicker Kopf umschließt ein festes Herz, drum herum kräftige grüne Außenblätter – das ist Kopfsalat in bester Qualität, wie man ihn in den Sommermonaten findet. Zum Essen einfach die Blätter ablösen und kurz unter fließendem Wasser abspülen. Bei langem Stehen im Wasser verschwinden die Nährstoffe.

blitz schnell

Herz mit Dip

Ein frischer Joghurt-Dip zu zarten Kopfsalatherzen. Einfach 1 EL Kapern fein hacken und mit 1 Becher KNORR Salatkrönung Joghurt-Dressing »Dill-Petersilie« und 1 zerdrückten, hart gekochten Ei verrühren. Den Dip mit Kapern garnieren.

Spitze Paprikaschoten sind dünnfleischig und sehr würzig. Aber ganz gleich, ob rot oder gelb, länglich oder eher gedrungen – alle Paprikasorten sind rundum gesund: Sie liefern viele Vitamine, wenig Kalorien, kaum Fett und kein Cholesterin.

Würzpaprika mit Feta

Zutaten für 24 Spieße

3 Paprikaschoten (rot, grün, gelb)
5 EL Olivenöl, z.B. BERTOLLI
1 Knoblauchzehe
1 Beutel KNORR Salatkrönung »Mediterrane Art«
200 g milder Feta (Schafskäse)

Pro Spieß

185 kJ/45 kcal, 2 g Eiweiß
4 g Fett, 1 g Kohlenhydrate

Zubereitungszeit: 30 min

1. Die Paprikaschoten halbieren und die kleinen Kerne entfernen. Jede Paprikahälfte der Länge nach in vier Streifen schneiden. 2 EL Olivenöl erhitzen und die Paprikastreifen mit der Hautseite nach unten kurz anbraten. Herausnehmen und die Haut abziehen.
2. Die Knoblauchzehe schälen und grob hacken. Das restliche Olivenöl erhitzen und die Paprikastreifen zusammen mit dem Knoblauch so lange darin dünsten, bis sie weich sind. Das geht am besten bei kleiner Hitze.
3. Die Pfanne vom Herd nehmen, leicht schräg halten und KNORR Salatkrönung unterrühren. Die Paprikastreifen in der Marinade erkalten lassen.
4. Den Schafskäse in 24 Würfel schneiden. Jeden Würfel mit einem Paprikastreifen umwickeln und mit einem kleinen Holzspieß feststecken.

Blattsalat mit Putenspießchen

Cherrytomaten

Klein, aber fein: Die dekorativen Minis liegen voll im Trend. Wegen ihrer kirschähnlichen Form und Größe werden sie Cherrytomaten, wegen ihrer Beliebtheit auf Party-Buffets auch Cocktail- oder Partytomaten genannt. Inzwischen gibt es sogar gelbe und ovale Früchte. Probieren lohnt. Die Sorten schmecken alle sehr aromatisch.

Zutaten für 4 Portionen

1 Kopf Eisbergsalat
50 g Rucola (Rauke) oder Kresse
1 reife Avocado
Saft von 1/2 Zitrone
200 g Cocktailtomaten
500 g Putenbrustfilet
Salz, schwarzer Pfeffer
5 EL Keimöl, z.B. MAZOLA
2 Beutel KNORR Salatkrönung »Zwiebel-Kräuter«

Pro Portion

1690 kJ/404 kcal, 33 g Eiweiß
27 g Fett, 6 g Kohlenhydrate

Zubereitungszeit: 30 min

1. Den Eisbergsalat halbieren und in Stücke schneiden. Vom Rucola die gröberen Stiele abschneiden.
2. Die Avocado halbieren und den Stein herauslösen. Mit einem Ausstecher kleine Kugeln aus dem Fruchtfleisch formen oder die Avocado schälen und das Fruchtfleisch in Stücke schneiden. Mit Zitronensaft beträufeln.
3. Die Tomaten halbieren. Das Putenfilet in 3–4 cm große Würfel schneiden, salzen, pfeffern und in 2 EL Öl braten. Abwechselnd Fleischwürfel und Tomatenhälften auf Holzspieße stecken.
4. Alles auf Tellern anrichten. KNORR Salatkrönung mit 6 EL Wasser und dem restlichen Öl verrühren und über den Salat und die Spieße träufeln.

Bohnen-Thunfisch-Salat

Radicchio

Mit seinem leicht herben Geschmack und den weinroten knackigen Blättern macht der beliebte Italiener aus dem Veneto Appetit auf deftige Wintersalate.

Zutaten für 4 Portionen

1 kleiner Kopf Radicchio
2 kleine Dosen weiße Bohnen
1 Dose Thunfisch im eigenen Saft
2 rote Zwiebeln
6 schwarze entsteinte Oliven
2 Beutel KNORR Salatkrönung »Italienische Art«
4 EL Olivenöl, z.B. BERTOLLI
1 EL Kapern
2 EL gehackte Petersilie

Pro Portion

2985 kJ/713 kcal, 21 g Eiweiß
39 g Fett, 69 g Kohlenhydrate

Zubereitungszeit: 20 min

1. Radicchio in einzelne Blätter teilen. Die Bohnen abtropfen lassen. Thunfisch abgießen und mit einer Gabel zerpflücken. Die Zwiebeln schälen und würfeln, die Oliven in Scheiben schneiden.
2. KNORR Salatkrönung mit 6 EL Wasser und dem Olivenöl verrühren. Das Salatdressing mit Bohnen, Thunfisch, Zwiebelwürfeln, Olivenscheiben und den Kapern mischen.
3. Den Salat etwas durchziehen lassen und auf den weinroten Radicchioblättern anrichten. Mit Petersilie bestreuen.

Super knusprig: Kurz vor dem Servieren für den richtigen Biss KNORR Salatkrönung Croutinos mit Zwiebeln über den fertigen Salat streuen.

Rettichsalat mit Garnelen

Zutaten für 4 Portionen
125 g Rucola (Rauke)
1 Rettich (ca. 200 g)
2 Tomaten
1–2 EL Sesamsamen
225 g tiefgekühlte Riesengarnelen
4 EL Keimöl, z.B. MAZOLA
Salz, schwarzer Pfeffer
1 Beutel KNORR Salatkrönung »Dill-Kräuter«

Pro Portion
790 kJ/188 kcal, 14 g Eiweiß
13 g Fett, 4 g Kohlenhydrate

Zubereitungszeit: 25 min

1. Gröbere Stiele der Rucolablätter entfernen. Den Rettich schälen und in dünne Scheiben hobeln. Tomaten vierteln, die Kerne entfernen und das Fruchtfleisch in Streifen schneiden.
2. Die Sesamsamen in einer Pfanne goldbraun rösten. Aufgetaute Riesengarnelen in 1 EL heißem Keimöl 2–3 Minuten braten, salzen und pfeffern.
3. KNORR Salatkrönung mit 3 EL Wasser und 3 EL Öl verrühren. Die Salatzutaten auf Tellern anrichten, das Dressing darüber träufeln.

Fürs Auge: Sehr dekorativ wirkt es, wenn der Teller vor dem Anrichten mit großen Salatblättern ausgelegt wird.

Der richtige Dreh

Sie heißen Scampi, Shrimps oder Prawns, und es gibt mehr als tausend Sorten. Den Panzer entfernt man bei allen gleich: Erst den Schwanz mit einer Drehbewegung vom Kopf lösen, dann den Panzer der Länge nach zusammendrücken und das saftige Fleisch einfach herausschälen.

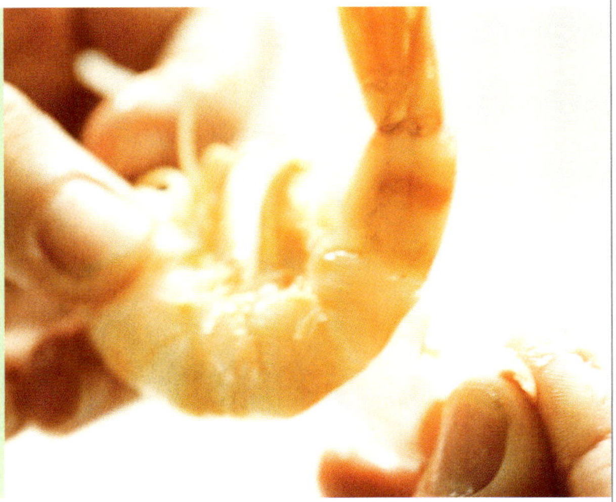

Rettich

Es trügt der Schein: Von außen betrachtet sind die bei uns beheimateten Rettiche mal weiß, mal rosa, auch kräftig rot, braun oder violett bis schwarz, doch innen ist das Fleisch stets blütenweiß. Frühjahrsrettiche sind mild, schwarze Herbst- und Winterrettiche dagegen können beißend scharf sein. Wer die Schärfe mildern möchte, bestreut Rettichscheiben mit etwas Salz und wartet einige Minuten, bis das Fruchtfleisch »schwitzt«.

Chicoréeschiffchen mit Lachs- und Heilbutt-Tatar

Zutaten für 6 Portionen
1–2 Chicoréestauden
150 g Räucherlachs
150 g geräucherter Heilbutt
2 Frühlingszwiebeln
2 Beutel KNORR Salatkrönung »Dill-Kräuter«
3 EL Keimöl, z. B. MAZOLA
weißer Pfeffer
Dillzweige, Forellen- oder Lachskaviar zum Garnieren

Pro Portion
525 kJ/126 kcal, 11 g Eiweiß
7 g Fett, 4 g Kohlenhydrate

Zubereitungszeit: 20 min

1. Die Chicoréeblätter von der Staude ablösen. Räucherlachs und Heilbutt fein hacken. Die Frühlingszwiebeln in kleine Stücke schneiden.
2. KNORR Salatkrönung mit 2 EL Wasser und dem Keimöl verrühren, die Zwiebelstückchen zufügen. Jeweils die Hälfte des Kräuterdressings unter den Lachs und den Heilbutt mischen. Mit weißem Pfeffer abschmecken.
3. Beide Sorten Fischtatar in die Chicoréeblätter füllen. Die Schiffchen auf Teller setzen und mit Forellenkaviar und Dillzweigen garnieren.

Große Vielfalt: Kaviar macht was her. Der echte ist nahezu unbezahlbar. Umso mehr im Trend liegen dafür die dekorativen roten Perlen des Lachskaviars oder die winzigen zartgelben Kügelchen des Forellenkaviars. Beliebt ist auch der schwarze »deutsche Kaviar«, der vom preiswerten Seehasen aus der nördlichen Nordsee stammt. Alle Kaviarsorten verderben leicht. Gesalzen und in 50- oder 100-g-Gläschen verpackt, werden sie im Vakuum auf ca. 60 °C erhitzt, um sie haltbar zu machen.

Lichtscheu, aber lecker ist Chicorée, das zarte helle Salatgemüse. Es wird in abgedunkelten Beeten gezogen. Fest geschlossene weiße Kolben mit hellgelben oder roten Rändern sind ein Zeichen für Frische. Chicoréestauden mit grünen Rändern sind durch zu viel Licht verfärbt und entwickeln eine kräftige Bitternote.

blitz schnell

Orangen-Dip

Von 1 unbehandelten Orange ca. 1 EL Schale in dünnen Streifen abschälen. Die Orange schälen, die Filets herauslösen und würfeln. Frucht und Schale mit 1 Becher KNORR Salatkrönung Joghurt-Dressing »Würzige Gartenkräuter« verrühren. Mit Orangenschale und einigen Orangenfilets dekorieren.

Klar, empfindliche Blattsalate mischen wir erst bei Tisch mit dem Kräuterdressing. Oder jedenfalls in letzter Sekunde vor dem Servieren. Damit alles knackig und frisch bleibt.

Blattsalat mit gebackenem Ziegenfrischkäse

Zutaten für 4 Portionen

Je 1 rote und gelbe Paprikaschote
60–80 g entsteinte schwarze Oliven
1 Beutel KNORR Salatkrönung »Gartenkräuter mit Knoblauch«
3 EL Olivenöl, z.B. BERTOLLI
4 Scheiben Ziegenkäse (à ca. 80 g)
2 EL Keimöl, z.B. MAZOLA
125–150 g Salat, z.B. Feldsalat
1 Beutel KNORR Salatkrönung Croutinos mit Paprika und Pinienkernen

Pro Portion

1985 kJ/475 kcal, 19 g Eiweiß
40 g Fett, 10 g Kohlenhydrate

Zubereitungszeit: 20 min

1. Die Paprikaschoten halbieren und die Kerne entfernen. Paprikahälften in kleine Würfel schneiden. Oliven abtropfen lassen. KNORR Salatkrönung mit 3 EL Wasser und 3 EL Olivenöl verrühren.
2. Die dicken Käsescheiben in einer beschichteten Pfanne im heißen Öl bei mittlerer Hitze von jeder Seite ca. 2 Minuten braten, bis der Käse langsam zu schmelzen beginnt.
3. Den Feldsalat mit Paprikawürfeln, Oliven und dem Käse auf Tellern anrichten. Kurz vor dem Servieren den Salat mit Salatdressing beträufeln und Croutinos darüber streuen.

Tipp: Den Ziegenkäse mit Olivenöl beträufeln und unter dem Grill 2–3 Minuten überbacken.

Feldsalat mit Speck-Datteln

Austernpilze

Bis in die 80er Jahre des letzten Jahrhunderts galten sie als Geheimtipp unter Sammlern. Heute werden die aromatischen Pilze auf Holz oder Stroh kultiviert. Ihr Fleisch ist fest und dabei saftig. Deshalb lassen sich die edlen Zuchtpilze gut in dünne Scheiben schneiden. In heißem Öl gebraten, entwickeln Austernpilze ihr Aroma am besten.

Zutaten für 4 Portionen

6 Scheiben durchwachsener Speck
12 frische Datteln
500 g Austernpilze
4–5 EL Keimöl, z. B. MAZOLA
Salz, weißer Pfeffer
1–2 EL gehackte Petersilie
1 Beutel KNORR Salatkrönung »Französische Art«
125–150 g Feldsalat

Pro Portion

1010 kJ/242 kcal, 9 g Eiweiß
14 g Fett, 19 g Kohlenhydrate

Zubereitungszeit: 20 min

1. Die Speckscheiben quer halbieren. Datteln aufschlitzen und die Kerne herauslösen. Jede Frucht mit einem Stück Speck umwickeln und mit einem Zahnstocher feststecken. Die Speck-Datteln in einer beschichteten Pfanne ohne Fett knusprig braten und herausnehmen.
2. Austernpilze klein schneiden. 1–2 EL Keimöl zum Speckfett in die Pfanne geben und erhitzen. Die Austernpilze darin anbraten. Mit Salz und Pfeffer würzen, mit Petersilie bestreuen.
3. KNORR Salatkrönung mit 3 EL Wasser und 3 EL Keimöl verrühren. Den Feldsalat mit den gebratenen Austernpilzen und den Speck-Datteln auf Tellern anrichten und mit Salatdressing beträufeln.

Frisch frittiert

Gemüsewürfel in einer duftenden Hülle aus Parmesan und Ei machen aus einfachen Salaten wie etwa Kopfsalat, Römersalat oder Eisbergsalat eine raffinierte Vorspeise in mediterranem Stil.

Parmesana-Würfel auf Salatbett

Zutaten für 4 Portionen

1 Zucchini, 1 Aubergine, Salz
300 g gemischte Blattsalate, z.B. Endivie, Radicchio, Batavia
2 Eier
60 g Speisestärke, z.B. MONDAMIN
60 g Mehl, schwarzer Pfeffer
40 g geriebener Parmesan
Öl zum Frittieren
1 Beutel KNORR Salatkrönung »Paprika-Kräuter«
3 EL Olivenöl, z.B. BERTOLLI

Pro Portion

1180 kJ/281 kcal, 10 g Eiweiß
14 g Fett, 27 g Kohlenhydrate

Zubereitungszeit: 30 min

1. Zucchini und Aubergine würfeln, auf Küchenpapier ausbreiten und mit etwas Salz bestreuen. Die Blattsalate in Stücke zupfen.
2. Für die Parmesana-Würfel einen Teig anrühren. Dafür die Eier trennen und das Eiweiß steif schlagen. Speisestärke und Mehl in eine Schüssel geben. Eine Prise Salz, Pfeffer, Parmesan, Eigelb und 1/8 l Wasser zufügen und alles zu einem Teig verrühren. Den Eischnee locker unterheben.
3. Zucchini- und Auberginenwürfel mit Küchenpapier abtupfen. Portionsweise im Teig wenden und in heißem Öl golden ausbacken.
4. KNORR Salatkrönung mit 3 EL Wasser und dem Olivenöl verrühren. Die Salate mit dem Dressing mischen und die knusprig heißen Parmesana-Würfel auf dem Salat verteilen.

Paprikasalat mit Käsetalern

Zutaten für 4 Portionen
6 Paprikaschoten (gelb, grün, rot)
1 Beutel KNORR Salatkrönung »Basilikum-Kräuter«
2 EL Weißwein oder Apfelsaft
3–4 EL Erdnussöl
1/2 Bund Schnittlauch
4 runde Ziegenkäse (à ca. 40 g)
3 EL Sesamsamen oder gehackte Mandeln

Pro Portion
1275 kJ/305 kcal, 13 g Eiweiß
22 g Fett, 11 g Kohlenhydrate

Zubereitungszeit: 25 min

1. Die Paprikaschoten halbieren, entkernen und in feine Streifen schneiden.
2. KNORR Salatkrönung mit Weißwein oder Apfelsaft und 2 EL Öl verrühren. Das Dressing über die Paprikastreifen geben und gut mischen. Den Paprikasalat auf Teller verteilen und mit Schnittlauch garnieren.
3. Für die knusprigen Käsetaler die Ziegenkäse rundherum in Sesam wälzen und auf eine ofenfeste Platte oder ein Backblech legen. Unter den vorgeheizten Grill schieben und 6–8 Minuten gratinieren, bis der Käse zu zerlaufen beginnt.
4. Je einen Ziegenkäse auf den Paprikasalat legen und etwas Öl darüber träufeln.

Sonnengelbe Paprikaschoten werden wegen ihrer dekorativen Farbe immer beliebter. Selbst braune, lilafarbene und violette Schoten tauchen jetzt öfter in den Läden auf. Holländische Gemüsebauern liefern die beliebten roten, grünen und gelben Schoten auch als Ökoware. Noch immer werden am häufigsten grüne Paprikaschoten gekauft – sie sind in der Regel am preisgünstigsten. Grün sind jedoch zuerst auch die anderen Sorten, also die gelben oder roten. Sie werden nur später geerntet und sind dann vollreif.

Gebratene Artischocken auf Sauerrahm-Dressing

Zutaten für 2–3 Portionen
2–4 kleine oder mittlere Artischocken (oder 1 Dose Artischockenherzen)
1 unbehandelte Zitrone, Salz
2–3 EL Olivenöl, z.B. BERTOLLI
1 Knoblauchzehe
1 Zweig Thymian
1 Becher KNORR Salatkrönung Sauerrahm-Dressing »Senf-Kräuter«
2–3 TL Kapern oder
1–2 TL grüner Pfeffer

Pro Portion (bei 3 Port.)
890 kJ/210 kcal, 3 g Eiweiß
18 g Fett, 8 g Kohlenhydrate

Zubereitungszeit: 30–40 min

1. Je kleiner und zarter die Artischocken sind, desto weniger muss man abschneiden. Meist reicht es, die Stiele zu kürzen und die Stielansätze abzuschälen, die harten äußeren Blätter abzuzupfen und die Blattspitzen mit einer Schere zu kürzen. Winzige Exemplare im Ganzen verwenden, etwas größere Artischocken halbieren oder vierteln.
2. Etwa zwei Drittel der Zitrone in Scheiben schneiden. Die Artischocken in kochendes Salzwasser geben und die Zitronenscheiben zufügen. Das Gemüse ca. 10 Minuten kochen, abgießen und gut abtropfen lassen.
3. Olivenöl in einer Pfanne erhitzen. Die unzerkleinerte Knoblauchzehe, den Thymian und die vorbereiteten Artischocken hineingeben und anbraten, dabei häufig wenden.
4. KNORR Salatkrönung Sauerrahm-Dressing mit Kapern oder Pfeffer mischen und die Artischocken mit Zitronenstückchen auf dem Dressing anrichten.

Ein Artischockenessen macht richtig Spaß. Die stacheligen Blüten kochen, nach und nach die Blätter abzupfen und in einen würzigen Dip tunken. Ein perfektes Rezept dafür: 1 Beutel KNORR Salatkrönung »Dill-Kräuter«, 250 g Mayonnaise, etwas mittelscharfer Senf und 1 Prise Zucker verrühren.

Hübsch mit Zitrone

Zum Kochen großer Artischocken die stacheligen Blattspitzen mit einem Messer abschneiden. Besonders hübsch: Eine Zitronenscheibe mit einem Faden auf die Schnittfläche binden. Die Artischocken in kochendem Salzwasser mit einem Schuss Zitronensaft oder etwas Essig garen.

Italienischer Brotsalat auf weißem und grünem Spargel

Glatte Petersilie
Das Kraut macht geschmacklich besonders viel her, wenn es sehr fein gehackt und großzügig dosiert wird. Am einfachsten ist das Hacken in einer elektischen Messermühle (Blitzhacker).

Zutaten für 2–3 Portionen
250 g weißer Spargel
250 g grüner Spargel
Salz, Zucker
50 g geriebener Parmesan
5 EL Olivenöl, z.B. BERTOLLI
100 g Weißbrot, z.B. Ciabatta
2 hart gekochte Eier
1/2 Bund glatte Petersilie
1 Beutel KNORR Salatkrönung »Balsamico-Kräuter«, 1 EL Kapern

Pro Portion (bei 2 Port.)
1245 kJ/297 kcal, 11 g Eiweiß
21 g Fett, 17 g Kohlenhydrate

Zubereitungszeit: 25 min

1. Den weißen Spargel ganz, den grünen Spargel nur am unteren Drittel der Stangen schälen. Die Enden abschneiden. Beide Sorten in Salzwasser mit 1 Prise Zucker 8–12 Minuten kochen.
2. Den Spargel abtropfen lassen, in eine Auflaufform geben und mit Käse bestreuen. 2 EL Olivenöl darüber träufeln. Im vorgeheizten Ofen bei 225 °C (Gas Stufe 4/Umluft 200 °C) ca. 10 Minuten überbacken.
3. Das Brot in Stücke zerpflücken. Die Eier würfeln, Petersilie hacken. KNORR Salatkrönung mit 3 EL Wasser und dem restlichen Olivenöl verrühren. Das Dressing mit Brot, Eiern, Petersilie und Kapern mischen.
4. Den noch warmen Spargel auf Tellern anrichten und mit dem Brotsalat bedecken.

Spargelsalat mit Lachs

Spargel

Knackfrisch schmeckt das königliche Gemüse am besten. Doch: Je frischer die Stangen, desto leichter brechen sie. Deshalb jede Spargelstange vorsichtig am Kopf fassen und das untere Ende auf dem Handgelenk abstützen. Spargelschäler unterhalb des Spargelkopfes ansetzen und lieber etwas zu viel als zu wenig von der Schale entfernen.

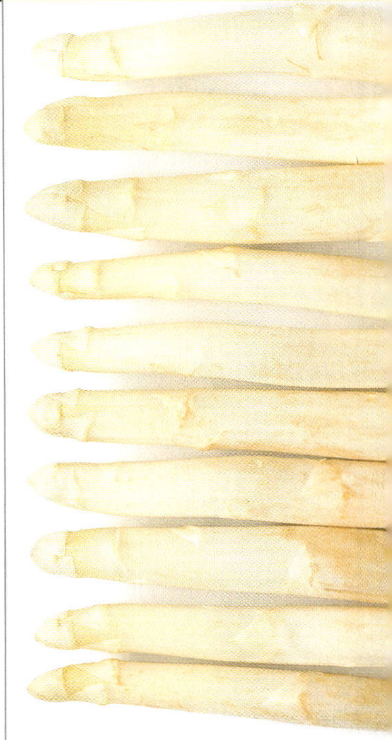

Zutaten für 2 Portionen

300 g Spargel, Salz, Zucker
100 g Räucherlachs
1 Beutel KNORR Salatkrönung »Französische Art«
3 EL Keimöl, z.B. MAZOLA
1 EL gehackte Kräuter, z.B. Bärlauch, Petersilie, Schnittlauch
30 g Parmesan
grober Pfeffer aus der Mühle

Pro Portion

1355 kJ/323 kcal, 18 g Eiweiß
26 g Fett, 5 g Kohlenhydrate

Zubereitungszeit: 35 min

1. Die Spargelstangen schälen und die Enden abschneiden. Schalen und Abschnitte in 1/4 l kaltes Wasser geben, aufkochen und bei schwacher Hitze ca. 10 Minuten kochen. Die Abschnitte in ein Sieb schütten, dabei das Spargelwasser auffangen. Das Spargelwasser erneut aufkochen, den Spargel mit Salz und Zucker hineingeben und 8–10 Minuten garen.
2. Räucherlachs auf Tellern anrichten, den Spargel dazugeben. KNORR Salatkrönung mit 3 EL Spargelwasser und 3 EL Öl verrühren. Das Dressing und die Kräuter über dem Spargel verteilen.
3. Parmesan in Späne hobeln und ebenfalls über den Spargel geben. Den Salat mit Pfeffer bestreuen.

Mit Gemüse und einem tollen Dressing gefüllte Wraps sind nicht nur in Amerika als leichter Mittagsimbiss total im Trend. Zur Abwechslung mal klein geschnittenen, knapp gegarten Broccoli oder grüne Bohnen in die Tortillas miteinrollen.

Spargel-Schinken-Wraps

Zutaten für 4 Stück

250 g grüner Spargel
Salz
2 kleine Möhren
100 g Salatcreme, z. B. BECEL
1 Beutel KNORR Salatkrönung »Frühlingskräuter«
2 TL Senf
1 hart gekochtes Ei
4 Scheiben gekochter Schinken
4 Weizentortillas (fertig gekauft)

Pro Stück

1440 kJ/345 kcal, 17 g Eiweiß
19 g Fett, 27 g Kohlenhydrate

Zubereitungszeit: 25 min

1. Das untere Drittel der Spargelstangen schälen und das Gemüse in kochendem Salzwasser ca. 8 Minuten garen.
2. Die Möhren schälen und auf einer Rohkostreibe raffeln. Die Salatcreme mit KNORR Salatkrönung und Senf verrühren. Das Ei schälen, fein hacken und unterrühren.
3. Die Schinkenscheiben in Würfel schneiden. Eier-Senf-Creme auf die Tortillas streichen, mit Schinken, Spargel und Möhren belegen und fest aufrollen. Die Wraps in der Mitte schräg durchschneiden und z. B. in Gläsern servieren.

Im Trend: Als Wraps kommen die handlich verpackten Salate bei Kindern und Jugendlichen besonders gut an.

Tomaten-Mozzarella-Salat

Zutaten für 4 Portionen
1/2 Kopf Eisbergsalat
2 Fleischtomaten
250 g Mozzarella
1/2 Bund Basilikum
30 g Pinienkerne
2 Beutel KNORR Salatkrönung »Mediterrane Art«
4 EL Keimöl, z.B. MAZOLA
evtl. 1 EL Kürbiskernöl

Pro Portion
1335 kJ/319 kcal, 15 g Eiweiß
26 g Fett, 5 g Kohlenhydrate

Zubereitungszeit: 20 min

1. Eisbergsalat in grobe Stücke zupfen. Die Tomaten in Scheiben schneiden. Mozzarella abtropfen lassen und ebenfalls in Scheiben schneiden.
2. Basilikumblättchen abzupfen. Pinienkerne in einer Pfanne ohne Fettzugabe goldbraun rösten. KNORR Salatkrönung mit 6 EL Wasser, Keimöl und evtl. Kürbiskernöl verrühren.
3. Abwechselnd Eisbergsalat, Tomatenscheiben, Mozzarellascheiben und Basilikumblättchen aufeinander schichten. Die einzelnen Schichten mit Salatdressing beträufeln. Mit Mozzarella und Basilikumblättchen abschließen. Mit Pinienkernen bestreuen.

Strauchtomaten

Man nennt sie auch Rispentomaten. Sie reifen vollständig an der Pflanze und werden mit dem gesamten Zweig geerntet. Das dient nicht nur der Optik, sondern verleiht den Früchten mehr Aroma und vollen Geschmack.

Tomaten schmecken frisch und reif am besten. Je länger sie beim Wachstum der Sonne ausgesetzt waren, desto intensiver ist ihr Aroma. Man kann sie auch lagern, jedoch nicht im wirklich Kalten. Lose Tomaten behalten ihren Geschmack und ihre Festigkeit am besten bei kühler Zimmertemperatur zwischen 12 und 16 °C. Strauchtomaten wollen es etwas wärmer, 15 bis 18 °C sind ideal. Im Kühlschrank und in der Nachbarschaft von Gurken oder Auberginen verlieren die roten Früchte schnell an Frische.

blitz schnell **3 Minuten**

In nur drei Minuten ist diese Gurkensuppe fertig: 2 geschälte Salatgurken mit 1 Knoblauchzehe und 1 Becher KNORR Salatkrönung Joghurt-Dressing »Dill-Petersilie« im Mixer fein pürieren. Mit Salz abschmecken. Fertig!

Kalte Gurken-Joghurt-Suppe

Zutaten für 3–4 Portionen

2 Salatgurken
1/2 grüne Paprikaschote
1 Knoblauchzehe
1 Becher KNORR Salatkrönung Joghurt-Dressing »Dill-Petersilie«
Salz, Pfeffer, Zucker
Zitronensaft
1 Beutel KNORR Salatkrönung Croutinos Zwiebel
evtl. Dill zum Garnieren

Pro Portion (bei 4 Port.)
605 kJ/145 kcal, 3 g Eiweiß
10 g Fett, 10 g Kohlenhydrate

Zubereitungszeit: 20 min
Kühlzeit: 1–2 h

1. Die Gurken schälen, der Länge nach halbieren und die Kerne mit einem Löffel herausschaben. Ein Stück von der vorbereiteten Salatgurke (ca. 50 g) und die Paprikahälfte in kleine Würfel schneiden und beiseite stellen.
2. Den Rest der Gurken grob zerkleinern. Die Knoblauchzehe durch die Presse drücken. Gurke und Knoblauch mit einem Stabmixer fein pürieren und mit KNORR Salatkrönung Joghurt-Dressing vermischen. Die fertige Suppe mind. 1–2 Stunden in den Kühlschrank stellen.
3. Die gut gekühlte Suppe mit Salz, Pfeffer, Zucker und Zitronensaft kräftig abschmecken und in Teller füllen. Mit den Gurken- und Paprikawürfeln bestreuen, mit Croutinos und evtl. Dill garnieren.

Gemüse-Dip auf Fladenbrot

Zucchini

Sehr kleine junge Zucchini sind besonders zart und schmecken roh am besten. An diesen »Baby-Zucchini« sitzen häufig noch die hübschen leuchtend gelben Blüten, die man ebenfalls essen kann. In Teig gebacken oder frittiert sind sie eine Delikatesse. Voll ausgewachsene, große dicke Zucchini entwickeln in Salaten mehr Aroma, wenn man sie kurz in etwas Öl andünstet.

Zutaten für 3–4 Portionen

1 türkisches Fladenbrot
3–5 EL Olivenöl, z.B. BERTOLLI
100 g weiße Bohnen aus der Dose
100 g Zucchini
1 Möhre
1 Frühlingszwiebel
1 Becher KNORR Salatkrönung Crème fraîche-Dressing »Mediterrane Art«
evtl. Salz, Pfeffer aus der Mühle

Pro Portion (bei 4 Port.)
1905 kJ/455 kcal, 10 g Eiweiß
22 g Fett, 55 g Kohlenhydrate

Zubereitungszeit: 25 min

1. Das Fladenbrot in dicke Scheiben schneiden. Ein Backblech mit Backpapier auslegen. Die Brotscheiben nebeneinander darauf legen und großzügig mit Olivenöl bestreichen. Im vorgeheizten Backofen bei 200 °C (Gas Stufe 3/Umluft 175 °C) goldbraun rösten; das dauert 10–15 Minuten.
2. Die Bohnen mit einer Gabel zerdrücken. Zucchini und Möhre fein würfeln. Die Frühlingszwiebel in Ringe schneiden. Alles mit KNORR Salatkrönung Crème fraîche-Dressing mischen.
3. Wer es kräftig gewürzt mag, gibt noch etwas Salz und frisch gemahlenen Pfeffer zur Mischung. Den fertigen Gemüse-Dip mit dem gerösteten Fladenbrot anrichten.

2

Gemüse-Salate

Bunte Salate mit knackigen Knollen und saftigen Schoten liegen im Trend. Das Geheimnis ihres Geschmacks: würzige Dressings von sahnig bis exotisch.

Paprika-Mais-Salat,
Rezept Seite 36

Schalotten

Die kleinen Edelzwiebeln schmecken feiner und sind aromatischer als die üblichen Haushaltszwiebeln. Nach einer Viertelstunde im Backofen duften sie anregend und glänzen goldbraun.

Salatherzen mit karamellisierten Schalotten

Zutaten für 2 Portionen

150 g Schalotten
4 EL Keimöl, z.B. MAZOLA
1 EL Zucker, Salz, weißer Pfeffer
200 g Salatherzen
50 g Brunnenkresse
1 Beutel KNORR Salatkrönung »Würzige Gartenkräuter«
1–2 EL Aceto balsamico
1 Beutel KNORR Salatkrönung Croutinos mit Paprika und Pinienkernen

Pro Portion

1130 kJ/271 kcal, 4 g Eiweiß
20 g Fett, 17 g Kohlenhydrate

Zubereitungszeit: 25 min

1. Die Schalotten schälen, mit 1 EL Öl verrühren und in eine kleine Auflaufform geben. Den Zucker darüber streuen.
2. Schalotten im vorgeheizten Backofen bei 250 °C (Gas Stufe 5/Umluft 225 °C) in ca. 15 Minuten goldbraun karamellisieren. Mit Salz und Pfeffer würzen.
3. Die Salatherzen in Stücke schneiden, die Kresseblätter abzupfen. Beides auf zwei Teller verteilen und die Schalotten darüber geben.
4. KNORR Salatkrönung mit 3 EL Wasser, Balsamessig und dem restlichen Öl verrühren. Den Salat mit Kräuterdressing beträufeln und mit knusprigen Croutinos bestreuen.

Gut dazu: Geräucherte Putenbruststreifen.

Kartoffel-Linsen-Salat

Kartoffeln

Würzig im Geschmack und schnittfest sollen Salatkartoffeln sein. Als Geheimtipp gilt die Sorte Linda aus dem Bioanbau. Am besten kauft man sie bei Bedarf frisch: Gute Kartoffelhändler lagern die Knollen so, dass die Qualität auch über die Wintermonate erhalten bleibt.

Zutaten für 4 Portionen

600 g Pellkartoffeln
1 Zwiebel
1 kleine Dose braune Linsen (Abtropfgewicht 265 g)
125–150 g Feldsalat
50 g durchwachsener Speck
2 Beutel KNORR Salatkrönung »Basilikum-Kräuter«
6 EL Olivenöl, z.B. BERTOLLI

Pro Portion

870 kJ/208 kcal, 7 g Eiweiß
9 g Fett, 24 g Kohlenhydrate

Zubereitungszeit: 20 min

1. Die Kartoffeln in Scheiben schneiden. Die Zwiebel fein würfeln. Linsen in ein Sieb geben und mit kaltem Wasser abspülen. Die Wurzelansätze vom Feldsalat abschneiden.
2. Den Speck in Streifen schneiden und in einer Pfanne ohne Fett knusprig braten. Aus der Pfanne nehmen und die Zwiebelwürfel im ausgelassenen Speckfett braten.
3. KNORR Salatkrönung mit 6 EL Wasser und dem Olivenöl verrühren. Linsen mit Kartoffeln, Speck, Zwiebeln und der Hälfte des Salatdressings mischen und durchziehen lassen.
4. Die Salatzutaten auf Tellern anrichten. Feldsalat mit dem verbliebenen Dressing beträufeln.

Zu hungrig für Salat? Manche Männer mögen die frischen Mischungen am liebsten mit einem deftigen Kontrapunkt. Liegen z.B. ein paar Scheiben knusprig gebratener Frühstücksspeck, Roastbeef-Aufschnitt oder etwas Räucherfisch mit auf dem Teller, geht ein Strahlen über ihr Gesicht.

Paprika-Mais-Salat

Zutaten für 4 Portionen

3 Paprikaschoten (rot, gelb, grün)
1 Dose Mais (Abtropfgewicht 285 g)
200 g körniger Frischkäse
1 kleine Knoblauchzehe
2 Beutel KNORR Salatkrönung »Küchenkräuter«
4–6 EL Keimöl, z.B. MAZOLA

Pro Portion

1010 kJ/241 kcal, 11 g Eiweiß
12 g Fett, 21 g Kohlenhydrate

Zubereitungszeit: 20 min

1. Paprikaschoten halbieren, die kleinen Kerne entfernen und die Schoten in feine Streifen schneiden. Den Mais in ein Sieb abgießen.
2. Paprikastreifen, Maiskörner und den körnigen Frischkäse in einer Schüssel mischen. Die Knoblauchzehe schälen, durchpressen und untermischen.
3. KNORR Salatkrönung mit 6 EL Wasser und dem Keimöl verrühren. Das Dressing über die Salatzutaten geben und alles mischen.

Tipp: Statt Frischkäse 200 g gewürfelten Schafskäse oder Tofu verwenden. Mit Paprikastreifen und Streifen von grünem Salat garnieren. Wenn abends Gäste kommen, den Salat schon am Morgen zubereiten, aber den Frischkäse erst kurz vor dem Servieren dazugeben.

Bohnensalat mit Minze

Für 4–6 Portionen
500 g grüne Bohnen
Salz
1 Bund Frühlingszwiebeln
1 kleine unbehandelte Zitrone
1/2 Bund Minze
2 Beutel KNORR Salatkrönung »Italienische Art«
6 EL Olivenöl, z.B. BERTOLLI
2 Knoblauchzehen

Pro Portion (bei 6 Port.)
550 kJ/132 kcal, 3 g Eiweiß
10 g Fett, 7 g Kohlenhydrate

Zubereitungszeit: 20 min

1. Die Bohnen in kochendes Salzwasser geben und ca. 8 Minuten kochen. Bohnen in ein Sieb abgießen und mit kaltem Wasser abspülen.
2. Die Frühlingszwiebeln schälen und in Ringe schneiden. Die Zitrone in Spalten, die Minze in Streifen schneiden.
3. KNORR Salatkrönung mit 6 EL Wasser und dem Olivenöl verrühren. Die Knoblauchzehen schälen und durch eine Presse dazudrücken. Bohnen und restliche Salatzutaten untermischen. Die Zitronenspalten vor dem Servieren herausnehmen.

Tipp: Frisch geröstete Brotscheiben mit Olivenöl beträufeln und zum Salat servieren.

So sehen straffe grüne Bohnen aus. Ein einfacher Frischetest: Die dünnen Schoten sollen glatt durchbrechen und an der Bruchstelle tiefgrün und saftig glänzen.

blitz schnell

Crostini

Besonders lecker zum Bohnensalat: geröstetes Baguette mit Olivencreme. Für 10–12 Brotscheiben 125 g mit Paprika gefüllte grüne Oliven, 2 Sardellenfilets, etwas frischen Thymian und 1 zerdrückte Knoblauchzehe pürieren. Dabei so viel Olivenöl zufügen, dass eine geschmeidige Paste entsteht. Mit Salz und Pfeffer abschmecken und dick auf die knusprigen Brote streichen. Mit Thymian garnieren.

Asiatischer Weißkohlsalat mit Shiitake-Pilzen

Zutaten für 4 Portionen
600 g Weißkohl
1 rote Paprikaschote
200 g Shiitake
oder andere Pilze
2 Knoblauchzehen
6–8 EL Keimöl, z.B. MAZOLA
2 Beutel KNORR Salatkrönung
»Paprika-Kräuter«
2 TL füssiger Honig
2–3 EL Sojasauce
schwarzer Pfeffer
oder Cayennepfeffer

Pro Portion
995 kJ/237 kcal, 4 g Eiweiß
18 g Fett, 14 g Kohlenhydrate

Zubereitungszeit: 25 min

1. Den Strunk des Weißkohls entfernen und den Kohl in Stücke schneiden. Paprikaschote halbieren, die kleinen Kerne entfernen und die Hälften in Streifen schneiden. Pilze putzen, Knoblauchzehen schälen und durch eine Presse drücken.
2. In einem Wok oder in einer großen Pfanne 3 EL Öl erhitzen und den Kohl darin anbraten. Paprikastreifen, Pilze und Knoblauch zufügen und unter Wenden kurz anrösten.
3. KNORR Salatkrönung mit 6 EL Wasser und dem restlichen Keimöl verrühren. Honig und Sojasauce unterrühren, mit Pfeffer kräftig abschmecken. Das Dressing mit dem Gemüse mischen und etwas durchziehen lassen.

Tipp: Wer asiatische Gewürze liebt, brät beim Kohl fein gehackte frische Ingwerwurzel mit und mischt etwas Koriandergrün unter den fertigen Salat.

Alles Kohl
Chinesen, Koreaner und Japaner lieben dieses gesunde Gemüse mindestens so sehr wie wir. Den ursprünglich asiatischen Chinakohl und den weißstieligen Paksoi mit seinen dunkelgrünen Blättern haben holländische Bauern nach Europa gebracht.

Weißkohl

Bis heute werden die schweren Kohlköpfe von Hand geerntet – und zwar fast das ganze Jahr über. Fein geschnitten und als Salat angemacht, zeigt sich das Gemüse von seiner besten Seite: Es liefert jede Menge gesunde Inhaltsstoffe und eine feine würzige Schärfe, die an Senf und Meerrettich erinnert.

Knoblauchpressen

Wer Knofi liebt, braucht gutes Handwerkszeug. Manche Pressen geraten nämlich zum Ärgernis, wenn man z. B. beim Zudrücken so viel Kraft braucht , dass die Finger schmerzen oder die halbe Zehe im Sieb hängen bleibt. Gelungene Modelle haben Siebe für feines und grobes Püree, stabile handliche Griffe und sie lassen sich mühelos reinigen.

Reissalat mit Bohnen und Mais

Zutaten für 4 Portionen

125 g Langkornreis-Wildreis-Mischung, Salz
1 kleine Dose Mais
1 Dose Kidney-Bohnen (Abtropfgewicht 250 g)
1 Dose grüne Bohnen (Abtropfgewicht 220 g)
1 Knoblauchzehe
2 Beutel KNORR Salatkrönung »Paprika-Kräuter«
6 EL Keimöl, z. B. MAZOLA

Pro Portion

1400 kJ/334 kcal, 8 g Eiweiß
16 g Fett, 39 g Kohlenhydrate

Zubereitungszeit: 30 min

1. Den Reis in Salzwasser kochen, dabei die Anleitung auf der Packung beachten. Den fertigen Reis in ein Sieb abgießen und abtropfen lassen.
2. Mais, Kidney-Bohnen und grüne Bohnen in ein Sieb geben, mit kaltem Wasser abspülen und abtropfen lassen. Alle Gemüse mit dem Reis in eine Schüssel geben. Die Knoblauchzehe schälen und dazupressen.
3. KNORR Salatkrönung mit 6 EL Wasser und dem Keimöl verrühren. Die Zutaten mit dem Kräuterdressing mischen.

Scharfmacher: Zum Anrichten den Salat mit würzigen Tortillachips bestreuen und servieren.

Erbsen-Zucchini-Salat

Zutaten für 4 Portionen
500 g Schupfnudeln (Kühltheke)
5 EL Olivenöl, z.B. BERTOLLI
1 Zucchini (ca. 200 g)
oder Mangold
100 g tiefgekühlte Erbsen
100 g Zuckerschoten
1 Beutel KNORR Salatkrönung
»Mediterrane Art«

Pro Portion
1340 kJ/319 kcal, 10 g Eiweiß
15 g Fett, 35 g Kohlenhydrate

Zubereitungszeit: 25 min

1. Die Schupfnudeln in 2 EL heißem Olivenöl ca. 5 Minuten braten, in eine Salatschüssel geben und abkühlen lassen.
2. Die Zucchini in dünne Scheiben schneiden. Mangoldstiele in Stücke schneiden, die Blätter zerkleinern. Die Erbsen im restlichen Bratfett der Schupfnudeln ca. 2 Minuten dünsten. Zucchinischeiben oder Mangold und Zuckerschoten zufügen und das Gemüse weitere 3 Minuten garen. Zu den gedünsteten Schupfnudeln geben und abkühlen lassen.
3. KNORR Salatkrönung mit 3 EL Wasser und dem restlichen Olivenöl verrühren. Das Salatdressing mit den Zutaten mischen.

Mangold: Und plötzlich ist das farbenfrohe Sommergemüse wieder en vogue.

Wer diese hübsch gefärbte Sorte Mangold im Gemüseladen findet, sollte schnell zugreifen. Ihre intensiv grünen Blätter und die leuchtend roten Stiele bilden einen hinreißenden Blickfang – auch im Salat. Im Aroma unterscheidet sich der seltene farbenprächtige rote Mangold nicht von der klassischen Sorte mit weißen Stielen. Mangold ist eng mit der Roten Bete verwandt und schmeckt leicht säuerlich.

Würzig eingelegt: Möhren und Champignons

Kräuter, Gewürze und die ausgewogene Säure machen KNORR Salatkrönung ideal auch zum Marinieren. Mit 1 EL Honig vermischt, gibt die Mischung z.B. kurz gebratenem Geflügel- oder Wildfleisch besonderes Aroma. Einfach das Fleisch mit der Marinade übergießen und etwas durchziehen lassen. Dann die abgetropften Fleischstücke in heißem Öl braten.

Zutaten für 4 Portionen

500 g kleine Champignons
8–9 EL Olivenöl, z.B. BERTOLLI
4 EL Zitronensaft, Salz, Pfeffer
300 g kleine Möhren
1 Beutel KNORR Salatkrönung »Würzige Gartenkräuter«
4 EL Keimöl, z.B. MAZOLA
1 EL flüssiger Honig, 2 EL Rosinen

Pro Portion

1430 kJ/341 kcal, 4 g Eiweiß
32 g Fett, 11 g Kohlenhydrate

Zubereitungszeit: 20 min
Kühlzeit: mind. 2 h

1. Die Champignons in 1–2 EL Olivenöl anbraten und in eine Schüssel geben. Restliches Öl und Zitronensaft unterrühren und die Pilze mit Salz und Pfeffer würzen.
2. Die Möhren der Länge nach halbieren und in Salzwasser knapp gar kochen. Die Möhren herausnehmen, gut abtropfen lassen und in eine Schüssel geben.
3. KNORR Salatkrönung mit 2 EL Wasser, Keimöl und Honig verrühren. Das Dressing mit den Möhren und Rosinen vermischen.
4. Champignons und Möhren mindestens 2 Stunden durchziehen lassen und auf einer Platte anrichten.

Feldsalat mit Broccoliröschen

blitz schnell

Broccoli

Kleine dunkelgrün bis lila schimmernde Blütenknospen sitzen hier auf kräftigen Stielen. Im Salat schmeckt das edle Feingemüse besonders zart, wenn man die Röschen 3–5 Minuten in kochendem Salzwasser gart. Blitzschnell geht's mit Tiefkühlware. Die Röschen sind schon nach 2 Minuten bissfest.

Zutaten für 4 Portionen

125–150 g Feldsalat
20 g Parmesan
8 Scheiben Parmaschinken
200 g Broccoli, Salz
1 Beutel KNORR Salatkrönung »Zwiebel-Kräuter«
3 EL Keimöl, z.B. MAZOLA
evtl. 1 EL Walnussöl

Pro Portion

550 kJ/132 kcal, 7 g Eiweiß
10 g Fett, 3 g Kohlenhydrate

Zubereitungszeit: 15 min

1. Die Wurzelenden vom Feldsalat abschneiden. Parmesan in hauchdünne Scheiben hobeln. Parmaschinken in breite Streifen schneiden.
2. Broccoli in Röschen teilen und je nach Größe 3–5 Minuten in kochendem Salzwasser knapp garen. Die Röschen in ein Sieb geben, mit kaltem Wasser abspülen und abtropfen lassen.
3. KNORR Salatkrönung mit 3 EL Wasser und dem Öl verrühren. 2 EL von dem Salatdressing mit dem Broccoli mischen. Feldsalat, Broccoli und Parmaschinken auf 4 Tellern anrichten. Käse darüber streuen. Kurz vor dem Servieren das restliche Dressing über den Salat träufeln.

Tomaten-Gurken-Salat orientalische Art

Zutaten für 3–4 Portionen
80 g Couscous Instant (nordafrikanische Getreidespezialität)
400 g Tomaten
1 kleine Salatgurke
2 EL Olivenöl, z.B. BERTOLLI
1/2 TL gemahlener Kreuzkümmel
1 Becher KNORR Salatkrönung Joghurt-Dressing »Knoblauch-Kräuter«
einige Stiele frische Minze

Pro Portion (bei 4 Port.)
960 kJ/229 kcal, 5 g Eiweiß
13 g Fett, 22 g Kohlenhydrate

Zubereitungszeit: 40 min

1. Couscous mit kochendem Wasser übergießen, quellen und abkühlen lassen – so wie es in der Anleitung auf der Verpackung steht.
2. Die Tomaten in Würfel schneiden. Die Salatgurke schälen, längs halbieren, evtl. entkernen und ebenfalls würfeln. Tomaten- und Gurkenwürfel in einer Schüssel mit dem Olivenöl mischen.
3. Couscous mit einer Gabel etwas auflockern und zusammen mit dem Kreuzkümmel zu den Gemüsewürfeln geben.
4. Den Salat auf Tellern anrichten und KNORR Salatkrönung Joghurt-Dressing darüber verteilen. Minzeblättchen abzupfen und den Salat damit garnieren.

Tipp: Wenn Sie keine frische Minze bekommen, verwenden Sie einfach getrocknete Minze – zum Beispiel aus einem Teebeutel Pfefferminztee.

Prall, dunkelgrün und möglichst ohne viele Kerne – so sieht die ideale Salatgurke aus. Bei holländischen Gurken ist das Schälen eigentlich überflüssig, die Schale ist gut essbar. Wer Gurken ein paar Tage lagern will, sucht ein kühles Plätzchen. Optimal sind 15 °C und eine hohe Luftfeuchtigkeit. Im Kühlschrank ist's dem Gemüse zu kalt.

Gurken

Maxi, midi oder mini? Das kalorienarme Gemüse gibt es in verschiedenen Größen. Die gewöhnliche Salatgurke bekommt man in jedem Supermarkt. Ihre kleineren Verwandten, die »Midi-Gurke« und die intensiv schmeckende, knapp handlange »Mini-Gurke«, findet man eher in guten Gemüseläden.

Marinierte Kräuter-Zucchini

Zutaten für 4 Portionen

750 g Zucchini
8 EL Olivenöl, z.B. BERTOLLI
2 Knoblauchzehen
2 Beutel KNORR Salatkrönung »Basilikum-Kräuter«
2 eingelegte Sardellenfilets
1–2 EL Aceto balsamico
30 g Rucola (Rauke)

Pro Portion

1210 kJ/288 kcal, 6 g Eiweiß
19 g Fett, 23 g Kohlenhydrate

Zubereitungszeit: 20 min
Kühlzeit: ca. 60 min

1. Die Zucchini in dünne Scheiben schneiden. 4 EL Olivenöl in einer Pfanne erhitzen. Die Zucchinischeiben portionsweise von beiden Seiten anbraten. Knoblauch schälen, in dünne Scheiben schneiden und mitbraten. Beides auf Küchenpapier abtropfen lassen.
2. KNORR Salatkrönung mit 6 EL Wasser und 2 EL Olivenöl verrühren. Die Sardellenfilets fein hacken und mit dem Essig zum Dressing geben. Rucolablätter grob hacken und untermischen.
3. Zucchini und Knoblauch mit dem Dressing vermischen. Zum Schluss mit restlichem Olivenöl beträufeln und im Kühlschrank etwa 1 Stunde ziehen lassen.

blitz schnell

Bruschetta

Bruschetta, die kleinen knusprigen Brotscheiben, passen ideal zu mariniertem Gemüse. Sie sind im Nu fertig. Weißbrotscheiben in 1–2 EL heißem Olivenöl hellbraun rösten und mit 1 zerdrückten Knoblauchzehe einreiben. 1 Packung Tomatenstücke abtropfen lassen, mit etwas Zucker abschmecken und auf die Brote verteilen. Pfeffern und mit Basilikumblättchen garnieren.

Gemüse mit Chili-Joghurt

Bundmöhren

Von März bis Mai werden die Frühmöhren geerntet und mit Kraut als Bundmöhren verkauft. Sie sind besonders zart, hell und saftig-süß, also gerade richtig, um einfach reinzubeißen. Länger als 1–2 Tage sollte man sie nicht aufheben.

Zutaten für 3–4 Portionen

300 g Bundmöhren
1/2 Kopf Blumenkohl
1 Stange Lauch
2 EL Olivenöl, z.B. BERTOLLI
1 EL Zitronensaft
2 TL KNORR Gemüse-Kraftbouillon
Salz, Pfeffer
1 rote Chilischote
1 Becher KNORR Salatkrönung Joghurt-Dressing »Würzige Gartenkräuter«

Pro Portion (bei 4 Port.)

715 kJ/171 kcal, 4 g Eiweiß
13 g Fett, 8 g Kohlenhydrate

Zubereitungszeit: 40 min

1. Die Möhren so schälen, dass etwas von dem Grün stehen bleibt. Dann der Länge nach halbieren. Blumenkohl in Röschen teilen. Die Röschen halbieren bzw. vierteln und die Stiele klein schneiden. Die Lauchstange in ca. 1 cm dicke Ringe schneiden.
2. Möhren und Blumenkohl in einer Pfanne in heißem Olivenöl ca. 5 Minuten braten. Dabei öfter wenden. Lauchringe zugeben und alles 3 Minuten weiterbraten. 100 ml Wasser und Zitronensaft dazugießen, aufkochen und die Gemüse-Kraftbouillon zufügen. Das Gemüse mit Salz und Pfeffer leicht würzen und etwas abkühlen lassen.
3. Für den Chili-Joghurt die Schote aufschneiden und die Kerne entfernen. Chilischote fein hacken, mit Joghurt-Dressing verrühren und auf das lauwarme Gemüse geben.

Avocado-Kresse-Salat

blitz schnell **Raffiniert**

1 reife Avocado schälen und in Spalten schneiden. 1 Beutel KNORR Salatkrönung »Dill-Kräuter« mit 3 EL Wasser und 3 EL Öl anrühren und mit den Avocadospalten anrichten. Ein Klecks deutscher Kaviar verleiht der mild-würzigen Kombination Raffinesse.

Zutaten für 4 Portionen
1 Kopf Eichblattsalat
1 Kästchen Kresse
2 reife Avocados (ca. 600 g)
1 Beutel KNORR Salatkrönung »Küchenkräuter«
3 EL Keimöl, z.B. MAZOLA

Pro Portion
1375 kJ/328 kcal, 3 g Eiweiß
34 g Fett, 3 g Kohlenhydrate

Zubereitungszeit: 20 min

1. Die Blätter des Eichblattsalats in Stücke zupfen. Kresse in kleinen Büscheln vom Beet abschneiden. Avocados halbieren, die Steine herauslösen. Die Avocadohälften schälen und das Fruchtfleisch in Stücke schneiden.
2. KNORR Salatkrönung mit 3 EL Wasser und Keimöl verrühren. Das Dressing über die Avocadostücke geben und mischen. Die Salatblätter unterheben und den Salat mit Kresse bestreuen.

On Top: KNORR Salatkrönung Croutinos mit Sonnenblumenkernen über den Salat streuen.

Feldsalat mit Rotkohl und Kürbis

Zutaten für 4 Portionen
125–150 g Feldsalat
250 g Rotkohl, Salz
1 Glas süß-sauer eingelegte Kürbisstücke, 300 g Hackfleisch
1 Ei, 3 EL Paniermehl, 1 TL Senf
Pfeffer, getrockneter Thymian
5 EL Keimöl, z.B. MAZOLA
1 Beutel KNORR Salatkrönung »Zwiebel-Kräuter«

Pro Portion
1500 kJ/359 kcal, 18 g Eiweiß
27 g Fett, 11 g Kohlenhydrate

Zubereitungszeit: 30 min

1. Die Wurzelenden vom Feldsalat abschneiden. Den Rotkohl in feine Streifen hobeln, mit etwas Salz mischen und eine Weile zum Durchziehen stehen lassen. Kürbis in einem Sieb abtropfen lassen und würfeln.
2. Das Hackfleisch mit Ei, Paniermehl und dem Senf vermengen. Mit Pfeffer und Thymian kräftig würzen. Aus dem Fleischteig 10–12 Hackbällchen formen und in 2 EL heißem Keimöl braun braten.
3. KNORR Salatkrönung mit 3 EL Wasser und 3 EL Keimöl verrühren. Rotkohl, Feldsalat und Kürbiswürfel zusammen mit den Hackbällchen auf Tellern anrichten. Das Salatdressing erst kurz vor dem Servieren über den Salat träufeln.

Keine Angst vor kalten Nächten – Rotkohl steht auch im Winter noch auf den Feldern und wird wie sein weißer Bruder von Hand geerntet.

Rotkohl, Blaukraut oder roter Kappes? Immer ist der dickköpfige rote Kohl gemeint, der im Winter seine Hochzeit hat. Frische Köpfe erkennt man an festen, matt glänzenden Blättern. Im Salat schmecken sie – gehobelt oder klein geschnitten – wunderbar knackig und würzig. Die attraktive ins Lila gehende Farbe hat nicht nur optische Vorzüge. Der dafür verantwortliche Farbstoff Antocyanin nützt der Gesundheit.

Kichererbsensalat mit Chili und geröstetem Sesam

Zutaten für 4 Portionen
1 Dose Kichererbsen (Abtropfgewicht 240 g)
100 g Zuckerschoten
Salz
50 g Brunnen- oder Gartenkresse
2 EL Sesamsamen
1–2 rote Chilischoten
1 Beutel KNORR Salatkrönung »Tomate-Kräuter«
3 EL Keimöl, z. B. MAZOLA
evtl. 1 EL Sesamöl
1–2 EL helle Sojasauce

Pro Portion
825 kJ/197 kcal, 7 g Eiweiß
12 g Fett, 15 g Kohlenhydrate

Zubereitungszeit: 20 min

1. Die Kichererbsen in ein Sieb gießen und mit kaltem Wasser abspülen. Stielansätze der Zuckerschoten abschneiden und die Schoten für 1 Minute in kochendes Salzwasser geben. In ein Sieb abgießen und kalt abspülen. Kresseblättchen abzupfen. Alles in eine Schüssel geben.
2. Sesamsamen in einer Pfanne ohne Fett unter Rühren anrösten. Die Chilischoten der Länge nach aufschlitzen, die kleinen Kerne entfernen und die Schoten in dünne Scheiben schneiden.
3. KNORR Salatkrönung mit 3 EL Wasser, Öl und Sojasauce verrühren. Sesamsamen und Chilischeiben unterrühren. Das Dressing mit dem Salat mischen.

Tipp: Zu Sprossen sprießende Keimlinge enthalten besonders viele Ballast- und Mineralstoffe, und sie schmecken köstlich im Salat. Statt der Kichererbsen einfach 150 g gemischte Sprossen, z. B. aus Senf-, Radieschen-, Alfalfa- oder Linsensamen, in einem Sieb mit kaltem Wasser abspülen und zu den Zuckerschoten geben.

Zuckerschoten
Mancher nennt sie auch Zuckererbsen oder Kaiserschoten. Gemeint sind immer sehr junge flache grüne Erbsenschoten mit noch unreifen, aber süß schmeckenden Miniaturerbsen. Sie enthalten recht viel Vitamin B1 und E sowie Kalium, Magnesium und Phosphor. Zuckerschoten werden, nachdem der Stielansatz entfernt wurde, lediglich 1–2 Minuten in kochendem Wasser blanchiert.

Chilischoten

Ihre Schärfe variiert enorm: Kleine Schoten sind schärfer als große, rote schärfer als grüne und gelbe. Von dieser Regel gibt es allerdings so viele Ausnahmen, dass nur vorsichtiges Dosieren hilft. Milder wird's, wenn man die entkernten Schoten für eine Weile in lauwarmes Wasser legt.

Zucchini

Das milde saftige Gemüse gibt es das ganze Jahr über. Es schmeckt roh, gedünstet und gebraten und verleiht fast jeder Salatmischung Leichtigkeit und Frische. In der Hauptsaison von Mai bis Oktober ist Zucchini besonders preiswert.

Möhren-Zucchini-Salat

Zutaten für 4 Portionen

300 g Zucchini, 100 g Zwiebeln
300 g Möhren
Salz, 1/2 TL Zucker
200 g Champignons
4 Wiener Würstchen
2 Stiele glatte Petersilie
2 Beutel KNORR Salatkrönung »Würzige Gartenkräuter«
6 EL Keimöl, z.B. MAZOLA

Pro Portion

1440 kJ/344 kcal, 11 g Eiweiß
29 g Fett, 9 g Kohlenhydrate

Zubereitungszeit: ca. 40 min

1. Zucchini mit einem Sparschäler längs in dünne Scheiben schneiden. Die Zwiebeln schälen und in Scheiben schneiden. Zucchini- und Zwiebelscheiben in kochendem Wasser ca. 1 Minute blanchieren, in ein Sieb geben, abtropfen und abkühlen lassen.
2. Möhren schälen und in kochendem Salzwasser mit Zucker bissfest garen. Anschließend ebenfalls mit dem Sparschäler in dünne Längsscheiben schneiden. Champignons und Würstchen in Scheiben schneiden. Petersilienblätter abzupfen.
3. KNORR Salatkrönung in eine Schüssel geben und mit 6 EL Wasser und Keimöl verrühren. Das Dressing mit den Salatzutaten mischen.

Eier-Champignon-Salat

Champignons

Champignons duften ein bisschen nach Waldboden und Herbstlaub. Die kleinen blütenweißen Knopfchampignons schmecken wegen ihrer zarten feinen Struktur besonders gut im Salat. Pralle, geschlossene Köpfe sind ein Zeichen für Frische.

Statt 1 Beutel KNORR Salatkrönung »Küchenkräuter« und Mayonnaise einfach 1 Becher KNORR Salatkrönung Buttermilch-Dressing »Frühlingskräuter« mit den Salatzutaten mischen.

Zutaten für 4 Portionen

6 Eier
100 g frische Champignons
Salz
100 g Zuckerschoten
100 g tiefgekühlte Erbsen
2 Beutel KNORR Salatkrönung »Küchenkräuter«
100 g Salatcreme
1 Kästchen Kresse

Pro Portion

1005 kJ/240 kcal, 14 g Eiweiß
15 g Fett, 12 g Kohlenhydrate

Zubereitungszeit: 20 min

1. Die Eier in 8–10 Minuten hart kochen, schälen und vierteln. Die Champignons in dünne Scheiben schneiden.
2. In einem Topf ca. 1/4 l Wasser mit Salz aufkochen. Zuckerschoten und Erbsen darin 3 Minuten garen. Das Gemüse in ein Sieb geben, mit kaltem Wasser abspülen und abtropfen lassen.
3. KNORR Salatkrönung in einer Schüssel mit 4 EL Wasser und der Salatcreme verrühren. Die Champignonscheiben, Erbsen und die Hälfte der Eiviertel mit dem Salatdressing mischen.
4. Kresse über den Salat streuen und mit den restlichen Eivierteln garnieren.

Pasta-Salate

Wer Nudeln mag, liebt Pasta-Salate. Sie verbinden die köstliche Leichtigkeit von frischem Gemüse mit der überzeugenden Sanftheit al dente gekochter Nudeln.

Gnocchi-Salat mit Mandel-Pesto, Rezept Seite 62

Tortellini-Rucola-Salat mit Avocadowürfeln

Zutaten für 6 Portionen

250 g getrocknete Tortellini, Salz
300 g tiefgekühlte Erbsen
5 EL Keimöl, z.B. MAZOLA
150 g Rucola (Rauke)
1 reife Avocado, 1 Zitrone
2 Beutel KNORR Salatkrönung »Italienische Art«
1 Dose Thunfisch im eigenen Saft
100 g Mayonnaise

Pro Portion

2105 kJ/501 kcal, 17 g Eiweiß
33 g Fett, 37 g Kohlenhydrate

Zubereitungszeit: 25 min

1. Tortellini in Salzwasser gar kochen. In den letzten 3 Minuten der Garzeit die Erbsen mitkochen. Tortellini und Erbsen in ein Sieb gießen und mit 2 EL Keimöl vermischen. Abkühlen lassen.
2. Rucola klein schneiden. Die Avocado schälen, den Kern entfernen und das Fruchtfleisch würfeln. Zitrone auspressen und die Avocadowürfel mit dem Saft mischen.
3. KNORR Salatkrönung mit 3 EL Wasser und dem restlichen Öl vermischen. Abgetropften Thunfisch und Mayonnaise zufügen. Mit dem Stabmixer zu einem cremigen Dressing mixen.
4. Die Salatzutaten in tiefen Tellern anrichten und mit dem Thunfisch-Dressing beträufeln.

Rucola

Helle zarte Blätter fügen sich harmonisch in fast jeden Salat ein. Je kräftiger und größer die Blätter, desto intensiver der Geschmack. Für eine blitzschnelle Vorspeise Rucolablätter einfach mit Parmesan bestreuen und mit Olivenöl beträufeln.

Gefüllte Riesenmuscheln

Klasse Optik

Die großen mit cremigem Gemüsesalat gefüllten Muschelnudeln schmecken nicht nur super, sie machen sich auch optisch gut – z. B. auf einem Buffet. Noch gehaltvoller wird das Rezept, wenn man ein paar Krabben oder gebratenes, fein gewürfeltes Geflügelfleisch untermischt.

Zutaten für 4 Portionen

250 g große Muschelnudeln, Salz
1 Möhre, 200 g Kohlrabi
150 g tiefgekühlte Erbsen
5 EL Keimöl, z. B. MAZOLA
1/2 TL KNORR Gemüse-Kraftbouillon, 150 g Mayonnaise
100 g saure Sahne, Pfeffer
200 g Blattsalate
1 Beutel KNORR Salatkrönung »Würzige Gartenkräuter«
Kräuter zum Garnieren, z. B. Kerbel

Pro Portion

2515 kJ/600 kcal, 13 g Eiweiß
37 g Fett, 54 g Kohlenhydrate

Zubereitungszeit: 40 min

1. Die Nudeln in Salzwasser bissfest garen und in ein Sieb gießen. Die Möhre und den Kohlrabi schälen, würfeln und mit den Erbsen in 2 EL Keimöl andünsten. 1/8 l Wasser und die Gemüse-Kraftbouillon dazugeben. Das Gemüse 5 Minuten garen und abtropfen lassen.
2. Mayonnaise und saure Sahne verrühren. Salzen und pfeffern und das vorbereitete Gemüse unterheben.
3. Eine Servierplatte mit Salatblättern auslegen. Den Gemüsesalat in die Muschelnudeln füllen und auf dem Salatbett anrichten.
4. KNORR Salatkrönung mit je 3 EL Wasser und Keimöl verrühren und über die gefüllten Nudeln träufeln. Mit Kräuterblättchen garnieren.

Nudelsalat mit gebratenen Mozzarellascheiben

Zutaten für 4 Portionen
250 g Mozzarella
3–4 EL Zitronensaft
200 g bunte Farfalle-Nudeln, Salz
75 g getrocknete, eingelegte Tomaten
2 Beutel KNORR Salatkrönung »Basilikum-Kräuter«
6 EL Olivenöl, z.B. BERTOLLI
100 g junger Spinat
je 50 g grüne und schwarze Oliven
1 Ei, Pfeffer, Paprikapulver
30 g Mehl, 30 g Paniermehl
2 EL Keimöl, z.B. MAZOLA

Pro Portion
2950 kJ/704 kcal, 24 g Eiweiß
43 g Fett, 53 g Kohlenhydrate

Zubereitungszeit: 35 min

1. Mozzarella in 2 cm dicke Scheiben schneiden und mit Zitronensaft beträufeln. Nudeln in reichlich kochendem Salzwasser bissfest garen.
2. Die Tomaten abtropfen lassen und in Stücke schneiden. KNORR Salatkrönung mit 6 EL Wasser und dem Olivenöl verrühren. Nudeln in ein Sieb abgießen, mit kaltem Wasser abspülen und abtropfen lassen. Tomatenstücke, Spinatblätter und die Oliven mit den Nudeln mischen. Das Kräuter-Dressing darüber geben.
3. Ei mit Salz, Pfeffer und Paprikapulver verrühren. Die Mozzarellascheiben zuerst in Mehl, dann in Ei und in Paniermehl wenden. Im heißen Keimöl von jeder Seite ca. 2 Minuten goldgelb braten. Mozzarella auf dem Nudelsalat anrichten.

Tipp: Mit Basilikumblättchen garnieren. Der Salat schmeckt am besten, solange der Käse noch warm ist.

Gedreht wie eine Spirale (Fusilli) oder geformt wie ein kleiner Schmetterling (Farfalle) – welche Nudel ist ideal für Salate? Eigentlich alle kurzen Sorten aus Hartweizengrieß. Sie geraten beim Kochen schön bissfest, nehmen das Dressing gut an und lassen sich prima aufgabeln. Doch niemand wird echte Spaghetti-Fans daran hindern wollen, ihre langen Lieblingsnudeln in den Salat zu mischen.

Mozzarella

Der sahnig-weiße Frischkäse aus Italien wird als Kugel oder Stange in 125 g- und 250 g-Packungen angeboten. Meist schwimmt er in Salzlake, weil sich der milde Geschmack nur in Flüssigkeit erhalten lässt. Guter Mozzarella riecht nach frischer Milch, ist seidenglatt und hat keine Löcher.

Nudelsalat mit Salami

Be happy!
Pasta macht glücklich. Das stimmt tatsächlich. Die kohlenhydratreichen Nudeln locken den Nervenbotenstoff Serotonin hervor und mildern auf diese Weise Stimmungstiefs. Kein Wunder, dass man sich nach einem Teller Pasta-Salat völlig entspannt zurücklehnt.

Zutaten für 2–3 Portionen
100 g Fusilli-Nudeln, Salz
100 g Zucchini
150 g Cocktailtomaten
1 kleine rote Zwiebel
50 g Mailänder Salami
125 g Mozzarella, 2 EL Kapern
1 Beutel KNORR Salatkrönung »Italienische Art«
3 EL Olivenöl, z. B. BERTOLLI

Pro Portion (bei 3 Port.)
1775 kJ/424 kcal, 17 g Eiweiß
26 g Fett, 30 g Kohlenhydrate

Zubereitungszeit: 20 min

1. Nudeln in reichlich Salzwasser bissfest garen. In ein Sieb abgießen, mit kaltem Wasser kurz abspülen und abtropfen lassen.
2. Zucchini in Scheiben schneiden. Die Tomaten halbieren, die Zwiebel schälen. Salami und Zwiebel in Streifen schneiden. Mozzarella abtropfen lassen und in Scheiben schneiden.
3. Für das Dressing KNORR Salatkrönung in eine Schüssel geben. Mit 3 EL Wasser und 3 EL Olivenöl verrühren und mit den übrigen Zutaten mischen.

Nudelschnecken am Spieß

Zutaten für 24 Stück
4 Lasagneblätter, Salz
1 EL Pinienkerne
1/2 Bund Basilikum
30 g geriebener Parmesan
1 Knoblauchzehe
4–5 EL Olivenöl, z.B. BERTOLLI
1 Beutel KNORR Salatkrönung »Balsamico-Kräuter«
80 g Parmaschinken
50 g Rucola (Rauke)

Pro Stück
175 kJ/42 kcal, 2 g Eiweiß
3 g Fett, 3 g Kohlenhydrate

Zubereitungszeit: 20 min

1. Lasagneblätter in kochendem Salzwasser 8–10 Minuten garen, herausnehmen, mit kaltem Wasser abspülen und abkühlen lassen.
2. Die Pinienkerne in einer Pfanne ohne Fett rösten und in eine hohe Schüssel geben. Basilikumblätter mit Parmesan, durchgepresster Knoblauchzehe und 2 EL Olivenöl zu den Pinienkernen geben und pürieren. KNORR Salatkrönung und das restliche Olivenöl unterrühren.
3. Jedes Lasagneblatt auf 1 Stück Frischhaltefolie legen und mit der Basilikum-Käse-Creme bestreichen. Schinkenscheiben und Rucolablätter darauf verteilen. Lasagneblätter mit Hilfe der Folie von der Schmalseite aufrollen. Jede Rolle in 6 Scheiben schneiden und auf kleine Holzspieße stecken.

Ein guter Tropfen

Aus Keimen und Kernen, aus Samen und Früchten werden wunderbare Öle mit intensivem Eigengeschmack gemacht. Eine Delikatesse sind z.B. Haselnuss- und Walnussöl, die dem Salat ein feines Nussaroma verleihen.

Öl und Salat gehören eng zusammen. Und wer nicht auf der Kalorienbremse steht, nimmt für ein leckeres Dressing von seinem Lieblingsöl auch gern mal etwas mehr. Gute Pflanzenöle enthalten einen hohen Anteil »einfach« und »mehrfach ungesättigter« Fettsäuren. Sie sind generell bekömmlicher als feste tierische Fette und praktisch cholesterinfrei.

Nusskerne und Samen wie etwa Pinienkerne duften intensiv und geben Salaten einen besonderen Kick, wenn man sie kurz anröstet. Das geht sehr gut in der trockenen Pfanne oder in der Mikrowelle.

Gnocchi-Salat mit Mandel-Pesto

Zutaten für 4 Portionen

1 Packung kochfertige Gnocchi aus der Kühltheke (ca. 400 g) oder 150–200 g Gnocchi-Nudeln
Salz
70 g Parmesan am Stück
125 g Rucola (Rauke)
75 ml Olivenöl, z. B. BERTOLLI
20 g gemahlene Mandeln
2 Beutel KNORR Salatkrönung »Basilikum-Kräuter«
evtl. 2 EL Pinienkerne

Pro Portion

1550 kJ/369 kcal, 9 g Eiweiß
26 g Fett, 25 g Kohlenhydrate

Zubereitungszeit: 25 min

1. Gnocchi in Salzwasser kurz garen, dabei die Kochzeit auf der Verpackung beachten. Die Klößchen in ein Sieb abgießen, mit kaltem Wasser abspülen und abtropfen lassen.
2. Den Käse fein reiben. Die Hälfte der Rucolablätter klein schneiden und in einen hohen Rührbecher geben. Das Olivenöl dazugeben und mit einem Stabmixer fein zerkleinern. Mandeln und 2/3 des Käses untermischen. 50–75 ml Wasser und KNORR Salatkrönung zufügen. Noch einmal kräftig durchmixen.
3. Restliche Rucolablätter mit den Gnocchi mischen und auf 4 Teller verteilen. Jede Portion mit Pesto beträufeln. Restlichen Parmesan über den Salat geben. Nach Belieben mit Pinienkernen bestreuen.

Gnocchi-Salat mit Lauch

Lauch

Je länger, je besser. Das heißt, je länger und fester der weiße Teil, also der Schaft der Pflanze, ausfällt, desto besser ist die Qualität. Roh besitzen die Stangen eine frische leichte Schärfe, gedünstet oder in Fett angeschwitzt schmeckt Lauch – oder Porree wie er im Norden genannt wird – weich und mild.

Zutaten für 3–4 Portionen

150 g Gnocchi-Nudeln (oder Hörnchen), Salz
1 Stange Lauch
250 g Champignons
2 EL Olivenöl, z.B. BERTOLLI
2–3 Zweige Salbei, Pfeffer
1 Becher KNORR Salatkrönung Joghurt-Dressing »Knoblauch-Kräuter«

Pro Portion (bei 4 Port.)

1170 kJ/279 kcal, 8 g Eiweiß
14 g Fett, 30 g Kohlenhydrate

Zubereitungszeit: 30 min

1. Die Nudeln in reichlich Salzwasser bissfest garen. In ein Sieb abgießen, mit kaltem Wasser abspülen und abtropfen lassen.
2. Die Lauchstange in sehr feine Ringe schneiden. Champignons in Scheiben schneiden. Die Hälfte des Lauches und die Champignons in heißem Olivenöl anbraten, Salbeiblätter kurz mitbraten. Die Gemüsemischung mit Salz und Pfeffer würzen und abkühlen lassen.
3. Nudeln, frischen Lauch und das gebratene Gemüse in eine Schüssel geben. KNORR Salatkrönung Joghurt-Dressing zufügen und mischen.

Nudel-Erbsen-Salat mit Kräuterdressing

Zutaten für 4 Portionen
250 g Spiralnudeln, Salz
300 g tiefgekühlte Erbsen
125 g Rucola (Rauke)
2 Beutel KNORR Salatkrönung
»Gartenkräuter mit Knoblauch«
8 EL Keimöl, z. B. MAZOLA
50 g Parmesan am Stück
weißer Pfeffer

Pro Portion
2225 kJ/531 kcal, 18 g Eiweiß
27 g Fett, 55 g Kohlenhydrate

Zubereitungszeit: 20 min

1. Die Nudeln in reichlich Salzwasser bissfest kochen. 2–3 Minuten vor Ende der Garzeit die Erbsen dazugeben. Alles in ein Sieb abgießen und mit kaltem Wasser abspülen.
2. Die Rucolablätter grob zerkleinern und in ein Mixgefäß geben. KNORR Salatkrönung, 6 EL Wasser, Keimöl und frisch geriebenen Parmesan dazugeben. Alles zu einer glatten Kräutermischung aufmixen. Mit Salz und Pfeffer abschmecken.
3. Die Nudeln und die Erbsen in eine Schüssel geben. Das Kräuterdressing darüber geben und gut durchmischen.

Tipp: Falls der Salat zu fest gerät, einen Schuss vom Nudelkochwasser untermischen. So wird er geschmeidiger und das Kräuteraroma kommt voll zur Geltung.

blitz schnell

Nudel-Wurst-Salat

Nudeln und Erbsen wie bereits unter 1. beschrieben vorbereiten. Dann 100 g Fleischwurststreifen und 1 Becher KNORR Salatkrönung Sauerrahm-Dressing »Senf-Kräuter« darunter mischen.

Fertig fürs Picknick
Dieser grüne Nudel-Erbsen-Salat lässt sich gut vorbereiten und fürs Essen unterwegs bequem mitnehmen. Einfach das Kräuterdressing separat verpacken und erst kurz vor dem Essen mit Nudeln und Erbsen mischen.

Parmesan oder Grana

Der Käse ist extrahart, gut zu reiben und ergänzt Pasta-Salate perfekt. In italienischen Kräuterdressings à la pesto bindet frisch geriebener Parmesan oder Grana die aromatischen Kräutersäfte. Als feine Späne oder in kleinen Bröckchen verteilt man den würzigen Käse am besten erst kurz vor dem Servieren auf dem Salat.

Al dente im Salat

Werden frisch abgegossene Nudeln kalt abgespült, gut abgetropft und schnell mit KNORR Salatkrönung vermischt, bleiben sie lange bissfest. Und wenn man gleich nach den Abgießen 1–2 EL Öl untermischt, kleben sie auch nicht.

Spaghetti-Ratatouille-Salat

Zutaten für 4 Portionen

200 g Spaghetti, Salz
je 1 kleine gelbe und rote Paprikaschote (à ca. 200 g)
1 Aubergine (300 g)
1 Zwiebel
6 EL Olivenöl, z.B. BERTOLLI
1 Knoblauchzehe
Pfeffer
2 Beutel KNORR Salatkrönung »Kräuter der Provence«

Pro Portion

1545 kJ/369 kcal, 9 g Eiweiß
17 g Fett, 44 g Kohlenhydrate

Zubereitungszeit: 20 min

1. Die Spaghetti in kochendem Salzwasser bissfest garen, auf ein Sieb geben, kalt abspülen und abtropfen lassen.
2. Paprikaschoten, Aubergine und Zwiebel würfeln oder in Streifen schneiden. Die Gemüse in 2 EL heißem Olivenöl dünsten. Die Knoblauchzehe schälen, zerdrücken und zufügen. Das Gemüse mit Salz und Pfeffer abschmecken.
3. Spaghetti und Gemüse in eine Salatschüssel geben. KNORR Salatkrönung mit 6 EL Wasser und restlichem Olivenöl verrühren und darunter mischen. Das feine Mittelmeer-Aroma kommt am besten zur Geltung, wenn der Salat lauwarm serviert wird.

Das passt: Eine exzellente Beilage zu gegrilltem oder kurz gebratenem Fleisch und zu Fisch.

Pasta-Salat mit Spinat

Klein & süß

Ausgefuchste Nudel-Fans verwenden anstelle von klein geschnittenen Fleischtomaten für Pasta-Salate lieber ganze oder halbierte Mini-Tomaten (Cherry- oder Cocktailtomaten). Sie verleihen dem Salat Frische, ohne zu viel Flüssigkeit abzugeben.

Zutaten für 3–4 Portionen
150 g Farfalle-Nudeln
Salz
2 Beutel KNORR Salatkrönung »Mediterrane Art«
6 EL Olivenöl, z.B. BERTOLLI
je 150 g gelbe und rote Cocktailtomaten
150 g junge Spinatblätter
50 g Parmesan am Stück

Pro Portion (bei 4 Port.)
1470 kJ/351 kcal, 11 g Eiweiß
21 g Fett, 30 g Kohlenhydrate

Zubereitungszeit: 20 min

1. Die Nudeln in reichlich Salzwasser bissfest kochen, in ein Sieb abgießen, mit kaltem Wasser abschrecken und abtropfen lassen.
2. KNORR Salatkrönung in einer Schüssel mit 6 EL Wasser und dem Olivenöl verrühren. Die Cocktailtomaten halbieren und zusammen mit den Spinatblättern und den abgetropften Nudeln zur Sauce geben.
3. Die Zutaten mischen und auf Tellern anrichten. Den Käse mit einem Sparschäler in dünne Scheiben hobeln und darüber verteilen.

Tipp: Wer gerne Knoblauch mag, kann eine gepresste Knoblauchzehe zum Salat geben.

Nudelsalat mit Würstchen

Zutaten für 4 Portionen
1 große Möhre (ca. 200 g)
125 g Farfalle-Nudeln
Salz oder KNORR
Gemüse-Kraftbouillon
1 Dose Mais (Abtropfgewicht 285 g)
1 Glas Cocktailwürstchen
(Abtropfgewicht 180 g)
2 Beutel KNORR Salatkrönung
»Küchenkräuter«
2 EL Mayonnaise

1. Die Möhre in Streifen oder in ca. 2 cm große Würfel schneiden. Möhre und Nudeln in reichlich kochendem Salzwasser oder Gemüse-Kraftbouillon 8–10 Minuten garen. In ein Sieb gießen, mit kaltem Wasser abspülen und abtropfen lassen.
2. Mais und Cocktailwürstchen abtropfen lassen. Die Würstchen schräg halbieren.
3. KNORR Salatkrönung mit 6 EL Wasser und der Mayonnaise verrühren. Die vorbereiteten Zutaten mit dem Salatdressing mischen.

Tipp: Statt Mais und Cocktailwürstchen 1 gelbe Paprikaschote und gekochten Schinken verwenden und den Salat auf Kopfsalatblättern anrichten.

Pro Portion
1485 kJ/355 kcal, 13 g Eiweiß
17 g Fett, 35 g Kohlenhydrate

Zubereitungszeit: 25 min

blitz schnell

Ingwer-Dressing

Man nehme: 1 Becher KNORR Salatkrönung »Würzige Gartenkräuter«, 1 nussgroßes Stück frische Ingwerwurzel und 1 Prise Cayennepfeffer. Alles aufmixen, fertig. Das Dressing passt ideal auch zu Salaten mit Shrimps oder Lachs.

Penne-Rindfleisch-Salat

Zutaten für 3–4 Portionen
150 g Penne, Salz
100 g rote Linsen
1/2 l KNORR Klare Delikatessbrühe
100 g Rucola oder Brunnenkresse
100 g Roastbeef in Scheiben
1 Becher KNORR Salatkrönung Sauerrahm-Dressing »Senf-Kräuter« oder »Thousand Islands«

Pro Portion (bei 4 Port.)
1470 kJ/351 kcal, 20 g Eiweiß
12 g Fett, 41 g Kohlenhydrate

Zubereitungszeit: 20 min

1. Die Nudeln in reichlich Salzwasser bissfest garen. In ein Sieb gießen, mit kaltem Wasser abspülen und abtropfen lassen.
2. Die Linsen in der Delikatessbrühe ca. 5 Minuten kochen, abgießen und abtropfen lassen.
3. Rucolablätter etwas zerkleinern. Die Roastbeefscheiben zu kleinen »Tüten« aufrollen. Abgetropfte Nudeln, Linsen, Rucola und Roastbeef auf Tellern anrichten. KNORR Salatkrönung Sauerrahm-Dressing darüber geben.

Linsen im Salat?
Wunderbar! Die »schnellen« roten Linsen kochen nur 5 Minuten. Wenn's noch fixer gehen soll, einfach eine Dose mit großen braunen Tellerlinsen öffnen. Feinschmecker aber schwören auf die feinen Puy-Linsen, eine Sorte aus der Gegend von Le Puy in Frankreich. Diese winzigen, sehr dunklen Linsen wachsen auf vulkanischen Böden und sind berühmt für ihr tolles Aroma. Sie kochen 20–30 Minuten. So viel Zeit muss sein!

Linsen

Ob blond oder braun, rot, dunkelgrün oder nahezu schwarz – die kleinen nährstoffreichen Hülsenfrüchte unterscheiden sich nicht nur in der Garzeit. Je dunkler und kleiner die Linse, desto kräftiger ist der Geschmack.

Tagliatelle-Salat mit Thunfisch und Zwiebeln

Thunfisch aus der Dose
Wer schöne große Filetstücke für den Salat möchte, achtet beim Kauf auf die Bezeichnung »solid pack«. Gute Dosenware riecht frisch, hat keine Gräten und zeigt keine Verfärbungen.

Zutaten für 3–4 Portionen
100 g Tagliatelle, Salz
1 Radicchio (ca. 150 g)
1 große rote Zwiebel
1 Dose Thunfisch naturell (Abtropfgewicht 150 g)
1 Becher KNORR Salatkrönung Crème fraîche-Dressing »Mediterrane Art«

Pro Portion (bei 4 Port.)
1150 kJ/275 kcal, 12 g Eiweiß
16 g Fett, 20 g Kohlenhydrate

Zubereitungszeit: 20 min

1. Nudeln in reichlich Salzwasser bissfest garen. In ein Sieb gießen, mit kaltem Wasser abspülen und abtropfen lassen.
2. Radicchio in feine Streifen schneiden. Die Zwiebel schälen und in feine Ringe schneiden. Den Thunfisch abtropfen lassen.
3. Alle Salatzutaten in eine Schüssel geben und mit KNORR Salatkrönung Crème fraîche-Dressing »Mediterrane Art« vermischen.

Schön gelb: Wer auf starke Farben steht, kocht die Nudeln mit einer kräftigen Prise Kurkuma (Gelbwurz).

Nudel-Zucchini-Salat

Zucchini

Die kalorienarmen dunkelgrünen Verwandten des Kürbis sind wahre Anpassungskünstler. Ihr Geschmack ist so mild, dass sie sich mit jeder Würzrichtung vertragen. Pasta-Salaten geben Zucchini eine leichte nussartige Note.

Zutaten für 4 Portionen
200 g grüne Bandnudeln
Salz
400 g Zucchini
100 g Parmaschinken
2 Beutel KNORR Salatkrönung »Italienische Art«
5 EL Keimöl, z. B. MAZOLA
30 g geriebener Parmesan

Pro Portion
1560 kJ/372 kcal, 14 g Eiweiß
18 g Fett, 38 g Kohlenhydrate

Zubereitungszeit: 30 min

1. Bandnudeln in reichlich kochendem Salzwasser bissfest garen, in ein Sieb abgießen, kalt abspülen und abtropfen lassen.
2. Zucchini der Länge nach in ca. 1 cm dicke Scheiben schneiden. Mit einem Sparschäler die Scheiben der Länge nach in »nudelähnliche« Streifen schneiden. Den Schinken ebenfalls in Streifen schneiden.
3. KNORR Salatkrönung mit 6 EL Wasser und dem Öl verrühren. Parmesan dazugeben. Das Salatdressing mit Nudeln und Zucchini mischen und 15 Minuten ziehen lassen. Vor dem Servieren die Schinkenstreifen dazugeben.

Party-Salate

It's party time: nette Leute,
tolle Stimmung, klasse Buffet.
Die besten Ideen für super
Party-Salate finden Sie hier.

Grüner Salat
mit Knusperei,
Rezept Seite 89

Kartoffel- und Paprika-Spieße mit Putenbrust

Zutaten für 10 Spieße
300 g Pellkartoffeln
2 Knoblauchzehen
1 rote oder gelbe Paprikaschote
250 g Putenbrustfilet
2 Beutel KNORR Salatkrönung »Kräuter der Provence«
10 EL Olivenöl, z.B. BERTOLLI
3 EL geriebener Parmesan

Pro Spieß
630 kJ/151 kcal, 7 g Eiweiß
11 g Fett, 6 g Kohlenhydrate

Zubereitungszeit: ca. 50 min
Backzeit: ca. 30 min

1. Die Pellkartoffeln in dickere Scheiben schneiden. Knoblauchzehen schälen und durch die Presse drücken. Die Paprikaschote halbieren, entkernen und in Stücke schneiden. Putenbrustfilet in ca. 2×2 cm große Stücke schneiden.
2. KNORR Salatkrönung mit 6 EL Wasser und dem Öl verrühren. Zerdrückten Knoblauch und den geriebenen Käse dazugeben. Die Würzmischung auf 2 Schüsseln verteilen. Kartoffeln in der einen Schüssel, Paprika- und Geflügelwürfel in der anderen marinieren.
3. Kartoffelscheiben hintereinander, Paprika- und Geflügelwürfel abwechselnd auf Spieße stecken. Spieße auf ein Backblech legen und im vorgeheizten Backofen bei 200 °C (Gas Stufe 3/Umluft 175 °C) ca. 35 Minuten braten.

Grill-Tipp: Findet die Party im Freien statt, können die Spieße auch auf dem Grill zubereitet werden. Dazu ein Stück Alufolie auf den Grillrost legen, mit Öl bestreichen und die vorbereiteten Spieße darauf von jeder Seite ca. 10 Minuten grillen.

Glücklicherweise rümpft heute kaum noch jemand die Nase, wenn es nach Knoblauch duftet. Denn gerade die Bestandteile mit dem intensiven Aroma sind es, denen der Knoblauch nicht nur Würzkraft, sondern auch seinen heilkräftigen Ruf verdankt. Roh, also frisch zerdrückt im Salat, entwickeln die Zehen schönste Wellness-Effekte.

Der Kartoffel-Tipp

Frisch gekochte Pellkartoffeln lassen sich so viel schneller schälen: Die Knollen abgießen, mit einer Gabel ein- oder zweimal einstechen und für ein paar Minuten in kaltes Wasser legen. Sobald etwas Feuchtigkeit unter die Schale gesickert ist, lässt sie sich fast in einem Stück abziehen.

Grüne Bohnen

Hier zählt die Form: Breite flache Exemplare, oft auch Schneide- oder Schnittbohnen genannt, sind deftig-saftig und eignen sich für herzhafte Salate. Die feinere kurze Prinzessbohne passt wie die dickfleischige Brechbohne – knapp in Salzwasser gegart – in jede Mischung.

Eisbergsalat mit Thunfisch

Zutaten für 4 Portionen

1/2 Kopf Eisbergsalat
200 g grüne Bohnen
1 gelbe Paprikaschote
4 kleine Tomaten
1 Dose Thunfisch naturell
2 hart gekochte Eier
50 g schwarze, entsteinte Oliven
2 Beutel KNORR Salatkrönung »Französische Art«
4 EL Olivenöl, z.B. BERTOLLI
1 TL Senf, 1 Knoblauchzehe

Pro Portion

1320 kJ/316 kcal, 15 g Eiweiß
23 g Fett, 10 g Kohlenhydrate

Zubereitungszeit: 20 min

1. Den Eisbergsalat klein schneiden. Die Bohnen in kochendem Salzwasser in 8 Minuten gar kochen, in ein Sieb abgießen und kalt abspülen.
2. Paprikaschote halbieren, entkernen und das Fruchtfleisch in Rauten schneiden. Die Tomaten vierteln, den Thunfisch abtropfen lassen und zerpflücken. Eier schälen und vierteln. Die Oliven abtropfen lassen.
3. KNORR Salatkrönung mit 6 EL Wasser, Olivenöl und Senf verrühren. Knoblauchzehe schälen und dazupressen. Die vorbereiteten Salatzutaten unter das Dressing mischen.

Tipp: Statt frischer Bohnen können tiefgekühlte grüne Bohnen verwendet werden.

Griechischer Bauernsalat

Zutaten für 4 Portionen
1/2 Kopf Eisbergsalat
1/2 Salatgurke
1 gelbe Paprikaschote, 3 Tomaten
200 g Schafskäse, 1 rote Zwiebel
50 g schwarze, entsteinte Oliven
2 Beutel KNORR Salatkrönung
»Gartenkräuter mit Knoblauch«
6 EL Olivenöl, z.B. BERTOLLI
4 eingelegte Peperoni

Pro Portion
1415 kJ/338 kcal, 11 g Eiweiß
29 g Fett, 8 g Kohlenhydrate

Zubereitungszeit: 20 min

1. Den Eisbergsalat in mundgerechte Stücke zupfen. Die Gurke in Scheiben oder Würfel schneiden. Paprikaschote halbieren, entkernen und das Fruchtfleisch würfeln.
2. Die Tomaten achteln, den Schafskäse würfeln. Zwiebel schälen und in Streifen schneiden. Oliven abtropfen lassen.
3. KNORR Salatkrönung mit 6 EL Wasser und dem Olivenöl verrühren. Alle Salatzutaten untermischen und mit den eingelegten Peperoni auf Tellern anrichten.

»Choriátiki Saláta«, der griechische Bauernsalat, hat inzwischen eine Weltreise angetreten und ist überall beliebt. Dabei variieren die Rezepte immer ein bisschen. Doch würziger Schafskäse und einige scharfe Peperoni gehören stets dazu. Das Beste daran: Die mediterrane Mischung ist ideal fürs Buffet, denn sie bleibt lange knackig und frisch.

Mozzarella caprese

Einfach, dekorativ, köstlich und von keinem Party-Buffet wegzudenken: Mozzarella caprese. So nennen Italiener die genial einfache Kombination aus Tomaten, Mozzarella und Basilikum. KNORR Salatkrönung »Balsamico-Kräuter« und eine Hand voll Oliven runden den Genuss ab.

Zu Salaten passen helle Brotsorten am besten. Besonders im Trend: italienisches Ciabatta, türkisches Fladenbrot oder mit Sauerteig gebackenes Kastenweißbrot. Ganz klassisch: französisches Baguette oder Toastbrot.

Toskanischer Brotsalat

Zutaten für 4 Portionen

1/2 Kopf Eisbergsalat
2 gelbe Paprikaschoten
4 kleine Tomaten
1–2 Frühlingszwiebeln
300 g Fladenbrot oder Baguette
1–2 Knoblauchzehen
2 Beutel KNORR Salatkrönung »Basilikum-Kräuter«
4 EL Olivenöl, z. B. BERTOLLI
1 Beutel KNORR Salatkrönung Croutinos mit Zwiebeln

Pro Portion

1520 kJ/363 kcal, 8 g Eiweiß
14 g Fett, 50 g Kohlenhydrate

Zubereitungszeit: 25 min

1. Eisbergsalat in mundgerechte Stücke zupfen. Paprikaschoten halbieren, entkernen und fein würfeln. Die Stielansätze der Tomaten herausschneiden, die Früchte vierteln und entkernen.
2. Die Frühlingszwiebeln schräg in Ringe schneiden. Das Brot in kleine Stücke schneiden und im Ofen aufbacken. Knoblauch schälen und durch eine Presse drücken.
3. KNORR Salatkrönung mit 6 EL Wasser, Olivenöl und Knoblauch verrühren. Das vorbereitete Gemüse mit den Brotstückchen mischen. Das Dressing zufügen und KNORR Salatkrönung Croutinos darüber streuen.

Das passt: Verfeinern Sie den Salat mit 1 EL Kapern oder frisch gehackter Petersilie.

Krabbensalat mit Ei

Avocado

Sahnig, sanft und weich ist das Fruchtfleisch der reifen Avocado, das leichte Blattsalate in gehaltvolle Party-Kreationen verwandelt. Die »Butterfrucht« besteht zu fast einem Viertel aus wertvollen Ölen mit einem hohen Anteil an ungesättigten Fettsäuren.

Zutaten für 4 Portionen

100 g kleine Champignons
100 g Frisée- oder Feldsalat
1 reife Avocado
2 Beutel KNORR Salatkrönung »Würzige Gartenkräuter«
5–6 EL Keimöl, z. B. MAZOLA
2 TL scharfer Senf
200 g Nordseekrabben
2 hart gekochte Eier

Pro Portion

1460 kJ/349 kcal, 15 g Eiweiß
31 g Fett, 4 g Kohlenhydrate

Zubereitungszeit: 15 min

1. Die Champignons putzen und in feine Scheiben schneiden. Den Salat etwas zerkleinern. Avocado schälen, halbieren, den Kern entfernen und die Avocadohälften in Würfel schneiden.
2. KNORR Salatkrönung mit 6 EL Wasser, Keimöl und Senf verrühren. Die Champignonscheiben, Avocadowürfel und Krabben mit dem Kräuterdressing mischen.
3. Die Salatblätter in eine große flache Schüssel geben oder in Schälchen verteilen. Krabbensalat darauf geben und mit halbierten Eiern garnieren.

Tipp: Statt Nordseekrabben passen auch in Stückchen zerlegte Forellenfilets sehr gut in den Salat.

Gemüse-Reis-Salat mit Krabben

Zutaten für 4 Portionen
250 g Langkornreis
1 l KNORR Gemüse-Kraftbouillon
1 Bund Suppengrün
8–10 EL Keimöl, z. B. MAZOLA
Salz, Cayennepfeffer
1 großes Bund glatte Petersilie
2 EL gemahlene Mandeln
1 kleine Knoblauchzehe
1 Beutel KNORR Salatkrönung »Basilikum-Kräuter«
2 EL geriebener Parmesan
150 g Tiefseekrabben

Pro Portion
2195 kJ/525 kcal, 15 g Eiweiß
27 g Fett, 55 g Kohlenhydrate

Zubereitungszeit: 40 min

1. Reis in der Gemüse-Kraftbouillon garen und abgießen, dabei etwa 1 Tasse Bouillon auffangen. Den Reis abkühlen lassen.
2. Möhren und Sellerie aus dem Suppengrün fein würfeln und 5 Minuten im Keimöl andünsten. Lauch in Ringe schneiden und 2 Minuten weitergaren. Das Gemüse mit Salz und Cayennepfeffer würzen und abkühlen lassen.
3. Petersilienblätter abzupfen. Zusammen mit Mandeln, durchgepresster Knoblauchzehe, KNORR Salatkrönung, Parmesan und dem restlichen Öl im Blitzhacker zu einem cremigen Dressing verarbeiten.
4. Reis, Gemüsewürfel und die Krabben mischen und etwas von der Bouillon unterheben, damit der Salat saftig wird. Das herzhaft aromatische Dressing separat dazu reichen.

Farbenfroh: Für leuchtend gelben Reis in die Gemüsebrühe eine Prise Kurkuma (Gelbwurz) geben.

Welche Mengen brauchen wir, damit für alle genug da ist? Die Portionszahlen im Rezept geben einen Hinweis. 3 Salate à 4 Portionen reichen also für 12 Gäste. Jedenfalls fast! Denn in netter Gesellschaft langt mancher doppelt zu. Deshalb rechnen großzügige Party-Macher für jeden Gast etwas mehr.

Suppengrün

Das praktische Gemüsebündel gibt nicht nur Suppen und Saucen Substanz und Würze. Fein geraspelt oder knapp gegart liefern Möhren, Sellerieknolle, Petersilienwurzel und Porree auch in Salaten viel Geschmack ab. Ein Hauch frisch gehackter Knoblauch ergänzt die Aromen.

Frisch ausgebratener Speck gibt einem guten Kartoffelsalat das verlockende Aroma. Am besten beim Einkauf auf feste, trockengepökelte Ware achten. Die ist zwar etwas teurer, schmeckt aber um Klassen besser als weiche, feuchte Einfachqualitäten.

Schwäbischer Kartoffelsalat

Zutaten für 4 Portionen

1 kg fest kochende Kartoffeln
Salz, 1 Zwiebel
1–2 TL KNORR Fleisch-Suppe
2 Beutel KNORR Salatkrönung »Zwiebel-Kräuter«
3–4 EL Keimöl, z.B. MAZOLA
1–2 EL Schnittlauchröllchen
weißer Pfeffer

Pro Portion

1000 kJ/239 kcal, 5 g Eiweiß
9 g Fett, 33 g Kohlenhydrate

Zubereitungszeit: 60 min

1. Die Kartoffeln mit Schale in reichlich Salzwasser kochen, abgießen, in kaltem Wasser etwas abkühlen lassen und die Schale abziehen. Die Kartoffeln in dünne Scheiben schneiden. Die Zwiebel schälen und fein würfeln.
2. 1/4 l Wasser aufkochen und die Fleisch-Suppe einstreuen. Die Brühe mit KNORR Salatkrönung verrühren und über die Kartoffeln geben. Etwas durchziehen lassen, bis die Kartoffeln den größten Teil der Flüssigkeit aufgesogen haben.
3. Vor dem Servieren das Öl und die Schnittlauchröllchen unter den Kartoffelsalat mischen. Noch einmal mit Salz und Pfeffer kräftig abschmecken.

Käsesalat mit Gurke

Radieschen

In den letzten Jahren sind die rotweißen Kugeln immer milder geworden. Etwas schärfer schmecken weiße längliche Sorten, die wie kleine Rettiche aussehen. Radieschen halten sich nicht lange. Wer Party-Reste für ein, zwei Tage aufheben möchte, schneidet das Grün ab und packt die Radieschen in einen Folienbeutel. Dann ab in den möglichst kühl eingestellten Kühlschrank.

Zutaten für 4 Portionen

2 Salatgurken
1 Bund Radieschen
150 g Emmentaler
150 g geräucherte Putenbrust
1/2 Bund Schnittlauch
2 Beutel KNORR Salatkrönung »Küchenkräuter«
4 EL Keimöl, z.B. MAZOLA
1 TL Senf

Pro Portion

1275 kJ/305 kcal, 20 g Eiweiß
22 g Fett, 6 g Kohlenhydrate

Zubereitungszeit: 30 min

1. Die Gurken schälen, längs halbieren und entkernen. Gurkenhälften in ca. 3 cm lange Stifte schneiden. Radieschen in feine Stifte schneiden. Käse und Putenbrust in Streifen, Schnittlauch in Röllchen schneiden. 1 EL Schnittlauch zum Garnieren beiseite stellen.
2. KNORR Salatkrönung in einer Schüssel mit 6 EL Wasser, Keimöl und Senf verrühren. Die Salatzutaten mit dem Dressing mischen. Einige Minuten durchziehen lassen und vor dem Servieren mit Schnittlauchröllchen bestreuen.

Gut dazu: Statt geräucherter Putenbrust gekochten Schinken oder geräuchertes Forellenfilet verwenden.

Frisée-Orangen-Salat mit Käse

Feine Filets

Wer es edel mag, schneidet Filets aus der Orange. Und das geht so: Die Frucht so dick schälen, dass die weiße Haut mitentfernt wird. Dann mit dem Messer an den Zwischenhäutchen entlangschneiden und die Segmente herauslösen. Zum Schluss den Schalenrest über der Salatschüssel ausdrücken, damit kein Tropfen verloren geht.

Zutaten für 3 Portionen

200 g Friséesalat
2 große Orangen
50 g schwarze, entsteinte Oliven
2 Becher KNORR Salatkrönung Crème fraîche-Dressing »Mediterrane Art«
80 g Manchego (spanischer Hartkäse aus Schafsmilch)

Pro Portion

1175 kJ/281 kcal, 9 g Eiweiß
23 g Fett, 9 g Kohlenhydrate

Zubereitungszeit: 20 min

1. Friséesalat etwas zerkleinern. Orangen im Ganzen so dick abschälen, dass die weiße Haut mit entfernt wird. Das Fruchtfleisch in Scheiben schneiden oder die Orangenfilets aus den Trennhäuten herausschneiden; dabei den Saft auffangen.
2. Friséesalat, Orangen und Oliven auf Tellern anrichten. KNORR Salatkrönung Crème fraîche-Dressing mit dem Orangensaft verrühren und über den Salat träufeln.
3. Den Käse mit einem Sparschäler in feine Scheiben hobeln und über dem Salat verteilen.

Macht satt: In Scheiben geschnittene gebratene Hähnchenbrustfilets oder feine Schinkenstreifen zugeben.

Eier-Broccoli-Salat

Zutaten für 3–4 Portionen
6 Eier, 500 g Broccoli, Salz
1 Kästchen Gartenkresse
3 EL Mandelstifte
2 Becher KNORR Salatkrönung
Joghurt-Dressing »Dill-Petersilie«
oder Sauerrahm-Dressing
»Französische Art«

Pro Portion (bei 4 Port.)
1505 kJ/359 kcal, 16 g Eiweiß
29 g Fett, 8 g Kohlenhydrate

Zubereitungszeit: 20 min

1. Die Eier in 8–10 Minuten hart kochen. Die Schale anknicken und die Eier in kaltem Wasser abkühlen, damit sie sich leicht schälen lassen.
2. Broccoli in Röschen teilen, die Stiele klein schneiden. Das Gemüse in kochendem Salzwasser ca. 3 Minuten garen, in ein Sieb abgießen, kalt abspülen und gut abtropfen lassen.
3. Gartenkresse abschneiden. Die Mandelstifte in einer Pfanne ohne Fett goldbraun rösten. Die Eier vierteln und mit Broccoliröschen und KNORR Salatkrönung Joghurt-Dressing mischen. Den Salat mit Kresse und mit Mandelstiften bestreuen.

Halbierte oder geviertelte hart gekochte Eier machen sich immer gut im Salat – wenn nur nicht die blaugrünen Ränder wären, die manchmal das Eigelb verunzieren. Dabei lässt sich die Verfärbung leicht vermeiden. Die Eier nicht – wie oft geraten – in 10 oder gar 12 Minuten hart kochen, sondern je nach Größe nur ca. 6–8 Minuten kochen. Dann den Topf von der Kochstelle ziehen und die Eier 3–5 Minuten nachgaren lassen. Am Schluss mit kaltem Wasser übergießen und schälen. Das Ergebnis: makelloses strahlend gelbes Eigelb.

Knabbern macht Laune

Wer seine Gäste glücklich sehen möchte, ergänzt ein Salatbuffet z. B. mit knusprigen Brotstangen (Grissini), Brotchips oder Mini-Schüttelbrot. Sehr dekorativ wirkt das Knabbergebäck, wenn man es in hohen Gläsern oder in passenden Glasvasen anbietet.

Wurstsalat mit Radieschen und Gurke

Zutaten für 3–4 Portionen
1 Kopfsalat
200 g Fleischwurst
1 Bund Radieschen
2–3 Gewürzgurken
1 Becher KNORR Salatkrönung Joghurt-Dressing »Würzige Gartenkräuter« oder Buttermilch-Dressing »Frühlingskräuter«
1 EL süßer Senf
evtl. Salz, Pfeffer

Pro Portion (bei 4 Port.)
1105 kJ/264 kcal, 9 g Eiweiß
23 g Fett, 5 g Kohlenhydrate

Zubereitungszeit: 10 min

1. Einige Kopfsalatblätter zum Garnieren beiseite legen, den Rest in feine Streifen schneiden. Die Pelle der Wurst abziehen, die Wurst in Scheiben schneiden und diese anschließend vierteln. Radieschen und Gewürzgurken in Scheiben oder Stifte schneiden.
2. KNORR Salatkrönung Joghurt-Dressing mit dem Senf verrühren. Gewürzgurken, Radieschen, Wurst und die Kopfsalatstreifen untermischen und falls nötig mit Salz und Pfeffer nachwürzen. Den Wurstsalat auf den Kopfsalatblättern anrichten.

Tipp: Wenn Sie den Salat vorbereiten möchten, können Sie bis auf den Kopfsalat alle Zutaten mischen und kalt stellen. Statt der Fleischwurst passen auch in Scheiben geschnittene Wiener Würstchen oder Cocktailwürstchen in den Salat. Die Kopfsalatstreifen erst kurz vor dem Servieren untermischen.

Romanesco
Etwas leichter und frischer gerät der traditionelle Wurstsalat, wenn ihn knapp gegartes Gemüse ergänzt. Besonders hübsch machen sich dabei die zartgrünen Köhlchen des Romanesco. Er ähnelt seinem nächsten Verwandten, dem weißen Blumenkohl, zum Verwechseln. Auch im Aroma gleicht er seinem weißen Vetter, doch ist er eine Spur zarter, und er bietet erheblich mehr Wellness-Faktoren wie Vitamin C und Beta-Carotin.

Salatschleudern

Mit viel Schwung sorgen diese einfachen Geräte dafür, dass Salatblätter nach dem Waschen gut trocknen. Einige Fabrikate bedient man mit einem Drehknopf, andere mit einem Ziehband. Vor dem Kauf ausprobieren, ob die Schleuder gut rundläuft und ob sie fest auf der Arbeitsfläche steht.

Echt verführerisch, diese leuchtend roten Äpfel! Wenn man sie mit der Schale in den Salat schnippeln möchte, bürstet man sie am besten unter fließendem Wasser gründlich ab. Fühlt sich die Schale an, als sei sie frisch gewachst, reinigt heißes Wasser noch gründlicher.

blitz schnell

Matjessalat mit Dill-Kräuter-Dressing

Zutaten für 4 Portionen

1/2 Kopf Eisbergsalat
6 Matjesfilets (à 80 g)
1 roter Apfel, Saft 1/2 Zitrone
1/2 Salatgurke
1 rote Zwiebel
1 Beutel KNORR Salatkrönung »Dill-Kräuter«
3 EL Keimöl, z.B. MAZOLA

Pro Portion

1820 kJ/435 kcal, 23 g Eiweiß
35 g Fett, 8 g Kohlenhydrate

Zubereitungszeit: 15 min

1. Den Eisbergsalat klein schneiden. Die Fischfilets trockentupfen und in Streifen schneiden. Den Apfel in Spalten schneiden, in eine Schüssel geben und den Zitronensaft darüber träufeln.
2. Gurkenhälfte längs halbieren und die Kerne herausschaben. Die Zwiebel schälen. Gurke und Zwiebel in Scheiben schneiden.
3. KNORR Salatkrönung mit 3 EL Wasser und dem Keimöl verrühren. Die vorbereiteten Salatzutaten untermischen.

Frische-Tipp: Die zweite Hälfte des Salatkopfes mit Folie abdecken und in den Kühlschrank legen.

Grüner Salat mit Knusperei

Eisbergsalat

Manche nennen ihn auch Eissalat, die Schweizer sagen Krachsalat – weil seine festen fleischigen Blätter beim Reinbeissen so schön laut krachen. Eisbergsalat wird meist in Folie verpackt angeboten. Das schützt ihn vor Verdunstung. Im Kühlschrank hält sich der Dickkopf in Folie bis zu 2 Wochen.

Zutaten für 3 Portionen

100 g Römersalat
100 g Eisbergsalat
1 Beutel KNORR Salatkrönung »Französische Art«
4 EL Keimöl, z.B. MAZOLA
3 Eier, 100 ml Milch
Salz, Pfeffer
1 Beutel KNORR Salatkrönung Croutinos mit Walnuss und Sojakernen, 1 Kästchen Kresse

Pro Portion

1175 kJ/281 kcal, 9 g Eiweiß
23 g Fett, 9 g Kohlenhydrate

Zubereitungszeit: 20 min

1. Die Salate etwas zerkleinern. KNORR Salatkrönung in eine Schüssel geben. Mit 3 EL Wasser und 3 EL Keimöl verrühren.
2. Eier mit Milch verrühren. Mit Salz und Pfeffer würzen. Das restliche Keimöl in einer Pfanne erhitzen. Die Eier in die Pfanne gießen. KNORR Salatkrönung Croutinos darauf verteilen und die Eier stocken lassen. Das gebratene Ei auf ein Brett gleiten lassen und in Portionen schneiden oder Figuren ausstechen.
3. Die Salatzutaten mit dem Dressing mischen. Kresse und Knusperei auf dem Salat anrichten.

Fitness-Salate

Wellness-Experten plädieren dafür, mindestens einmal am Tag eine große Portion frischen Salat zu essen. Mit den richtigen Rezepten wird das zum echten Vergnügen.

Fenchel-Möhren-Salat,
Rezept Seite 104

Fettarme Dressings
Salate füllen den Teller ohnehin auf leichte Art. Und wer zusätzlich Kalorien sparen will, lässt einfach einen Teil des Öls weg und nimmt stattdessen Wasser, Gemüse- oder Fruchtsaft. Die cremigen Salatkrönung Flüssigdressings geraten leichter, wenn sie mit Magerjoghurt oder etwas Magerquark aufgemixt werden.

Blattsalate der Saison mit Bündner Fleisch

Zutaten für 4 Portionen
200 g Blattsalate der Saison
2 kleine Möhren
50 g Bündner Fleisch (hauchdünn geschnitten)
1 Beutel KNORR Salatkrönung »Würzige Gartenkräuter«
3 EL Orangensaft
2–3 EL Keimöl, z.B. MAZOLA
1 TL Meerrettich

Pro Portion
425 kJ/101 kcal, 6 g Eiweiß
7 g Fett, 3 g Kohlenhydrate

Zubereitungszeit: 20 min

1. Die Salatblätter etwas auseinander zupfen und auf Teller verteilen. Die Möhren in feine Streifen schneiden oder auf einer Rohkostreibe grob reiben und über den Salat verteilen.
2. Das Bündner Fleisch locker zu »Tüten« aufrollen und auf dem Salat anrichten.
3. KNORR Salatkrönung mit Orangensaft und Keimöl verrühren, mit Meerrettich abschmecken. Das Salatdressing kurz vor dem Servieren über den Salat träufeln.

Kostbar: Anstelle von Bündner Fleisch auch einmal Hering in Gelee auf dem Salat anrichten. Hat wenig Kalorien, aber reichlich kostbare Omega-3-Fettsäuren.

Feine Gemüsesülze mit Fisch

blitz schnell

Remoulade

Die hübsche Gemüsesülze ist quasi ein Salat in Gelee. Dazu passt eine extra leichte Remoulade: 2 Becher KNORR Salatkrönung Joghurt-Dressing »Dill Petersilie« mit 200 g Magerquark glatt rühren. 1–2 Gewürzgurken und 1 hart gekochtes Ei hacken und darunter mischen. Mit Salz und Pfeffer abschmecken.

Zutaten für 6 Portionen

300 g Fischfilet, z. B. Lachsforelle, Dorsch oder Lengfisch
Zitronensaft, Salz, 1/8 l Weißwein
2 gestr. EL KNORR Kräuter-Bouillon
Zucker
12 Blatt weiße Gelatine
150 g Cocktailtomaten
150 g Salatgurke
100 g tiefgekühlte Erbsen
100 g Shrimps

Pro Portion

480 kJ/114 kcal, 17 g Eiweiß
1 g Fett, 4 g Kohlenhydrate

Zubereitungszeit: 40 min
Kühlzeit: ca. 2 h

1. Fischfilet mit Zitronensaft beträufeln, salzen und bei schwacher Hitze in 1/2 l Wasser garen. Abkühlen lassen und in Stücke schneiden. Den Fischsud durchsieben, mit Wein und Wasser zu 3/4 l Flüssigkeit auffüllen und aufkochen. Kräuter-Bouillon einstreuen und mit Salz und Zucker abschmecken. In kaltem Wasser eingeweichte Gelatine ausdrücken und in der heißen Bouillon auflösen.
2. 6 Sturzförmchen kalt ausspülen, die Bouillon ca. 1 cm hoch hineingießen und im Kühlschrank zu einer Geleeschicht erstarren lassen. Tomaten halbieren und die Gurke in Würfel schneiden.
3. Fischstücke, Gemüse und Shrimps auf dem Gelee verteilen. Mit der restlichen Bouillon auffüllen und ca. 2 Stunden kalt stellen. Die Förmchen in heißes Wasser tauchen und auf einen Teller stürzen.

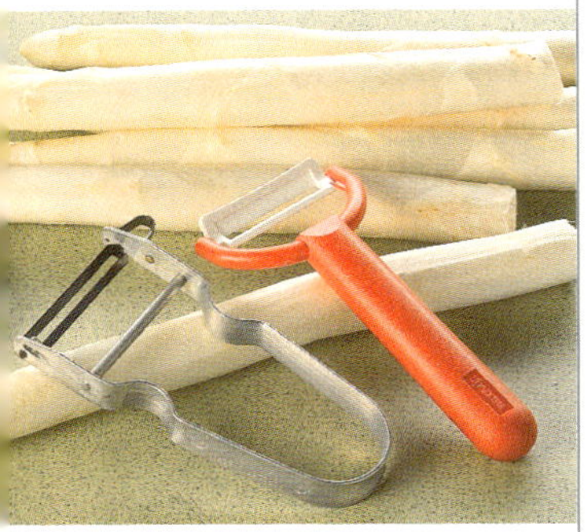

Sparschäler

Mit diesem Allzweckgerät schält sich der Spargel im Nu. Spezielles Design braucht man nicht, denn wichtiger als die Form ist die Klinge. Schäler mit Keramikklinge (roter Griff) bleiben immer scharf, sind aber teuer. Das Einfachmodell mit rostender (!), aber sehr scharfer Klinge kostet nur ein Viertel.

Spargel in Kerbeldressing

Zutaten für 4 Portionen
1 kg Spargel, Salz
1 Stück Zitronenschale
2 Beutel KNORR Salatkrönung »Würzige Gartenkräuter«
6 EL Keimöl, z.B. MAZOLA
1 Bund Kerbel

Pro Portion
750 kJ/177 kcal, 4 g Eiweiß
15 g Fett, 6 g Kohlenhydrate

Zubereitungszeit: 45 min

1. Die Spargelstangen schälen und die Enden abschneiden. Schalen und Abschnitte in 1/4 l kaltes Wasser geben, kurz aufkochen und zugedeckt bei schwacher Hitze ca. 10 Minuten kochen.
2. Das Spargelwasser durch ein Sieb gießen und wieder aufkochen. Die Spargelstangen, Salz und Zitronenschale zugeben und – je nach Dicke der Stangen – in 10–15 Minuten bissfest garen.
3. Spargelstangen herausnehmen, 6 EL Spargelsud abnehmen und mit KNORR Salatkrönung und Keimöl verrühren. Die Kerbelblättchen abzupfen und darunter mischen. Den Spargel mit dem Dressing mischen.

Gut dazu: Minipuffer (siehe Seite 97) oder herzhafte Pfannkuchen mit Kräutern und Speckwürfeln.

Spargelsalat mit Radieschen

Zutaten für 4 Portionen
1 kg Spargel
Salz, Zucker
150 g Rucola (Rauke) oder Feldsalat
1 Bund Radieschen
2 Beutel KNORR Salatkrönung »Frühlingskräuter«
6 EL Keimöl, z.B. MAZOLA
1 TL Honig

Pro Portion
800 kJ/190 kcal, 5 g Eiweiß
16 g Fett, 9 g Kohlenhydrate

Zubereitungszeit: 50 min

1. Spargel schälen und die Enden abschneiden. Die Stangen in kurze Stücke schneiden. Schalen und Abschnitte in 1/4 l kaltes Wasser geben, aufkochen und zugedeckt bei schwacher Hitze ca. 10 Minuten kochen.
2. Spargelwasser durch ein Sieb gießen und wieder aufkochen. Spargelstücke mit Salz und 1 Prise Zucker ins Spargelwasser geben, je nach Dicke der Stangen in 10–15 Minuten bissfest garen.
3. Rucola in eine Schüssel geben. Radieschen würfeln. KNORR Salatkrönung mit 6 EL Spargelwasser, Öl und Honig verrühren. Den heißen Spargel mit dem Dressing mischen. Wenn er etwas abgekühlt ist, Rucola und Radieschen unterheben.

Spargel

Helle und feucht glänzende Anschnitte zeigen taufrische Ware. Kenner verlassen sich beim Frischetest auf ihre Ohren und rollen die Stangen vorsichtig zwischen den Händen. Denn: Frischer Spargel »quietscht« beim Aneinanderreiben. Zum Aufbewahren das Gemüse in ein angefeuchtetes Tuch einschlagen und zusätzlich in Folie wickeln.

Frühe Ernte

Im ersten Morgenlicht beginnt die Ernte. Risse im Boden zeigen, wo der Spargel seinen Kopf aus der Erde strecken wird. Noch bevor er die Oberfläche durchbricht, wird er »gestochen«. Schauen die Stangen zu weit aus der Erde, verfärben sie sich.

Rohkostsalat mit Orangen-Senf-Dressing

Zutaten für 4 Portionen
1/2 Bund Möhren
1/2 Rettich (ca. 250 g)
1/2 Kohlrabi
1/2 Eisbergsalat
2 Beutel KNORR Salatkrönung »Würzige Gartenkräuter«
6 EL Orangensaft
6 EL Keimöl, z.B. MAZOLA
2 TL mittelscharfer Senf
Zucker

Pro Portion
790 kJ/189 kcal, 2 g Eiweiß
16 g Fett, 10 g Kohlenhydrate

Zubereitungszeit: 20 min.

1. Die Möhren der Länge nach halbieren. Rettich in Spiralen oder in dünne Scheiben und den Kohlrabi in Stifte schneiden. Den Eisbergsalat in 1 cm breite Streifen schneiden. Alles in eine große Glasschüssel geben.
2. KNORR Salatkrönung mit Orangensaft, Keimöl und Senf verrühren. Mit Zucker abschmecken. Das Dressing kurz vor dem Servieren über den Salat geben.

Gäste-Tipp: Wenn Gäste kommen, winzige Kartoffelpuffer als gehaltvolle Ergänzung zum Rohkostsalat anbieten. Einfach 1 Packung PFANNI Kartoffelpuffer mit Wasser und Ei anrühren und 1 Beutel KNORR Salatkrönung Croutinos mit Zwiebeln unterrühren. Pro Minipuffer etwa 2 TL Teig in heißem Öl goldgelb braten. Auch Kinder sind ganz heiß auf die kleinen Puffer.

Hübsch in Form

Mit kleinen Metallausstechformen lassen sich zum Beispiel Möhren- oder Kürbisscheiben in Katzen, Herzen oder Sterne verwandeln. Die Prozedur ist für eine ganze Schüssel Salat zu mühsam. Aber schon wenige hübsch geformte Gemüsestückchen auf dem Tellerrand animieren kleine Genießer.

Senfsorten

Egal ob süß, delikat oder extra scharf – alle Senfsorten werden aus grob oder fein gemahlenen Senfkörnern, Essig und Gewürzen angerührt. Sind scharfe braune Körner im Glas, zwicken die ätherischen Öle beim Essen kräftig in die Nase. Im Salatdressing machen sich gelbe milde Sorten, großzügig dosiert, besser.

Blattsalate harmonieren überraschend gut mit fast jeder Obstsorte. Vor allem Exoten wie frische Ananas, Mango oder Granatapfelkerne geben grünen Salaten einen ganz neuen Kick. Auch im Dressing machen sich fruchtige Noten gut. Einfach mal einen Löffel Hagebuttenmus oder einen Schuss Sanddornsaft unterrühren.

Römersalat mit Ananas

Zutaten für 2–3 Portionen
150–200 g Römersalat
oder Chinakohl
300 g frische Ananas
50 g Sprossenmix
1 Becher KNORR Salatkrönung
Joghurt-Dressing
»Würzige Gartenkräuter«
1 TL flüssiger Honig

Pro Portion (bei 2 Port.)
515 kJ/124 kcal, 2 g Eiweiß
8 g Fett, 10 g Kohlenhydrate

Zubereitungszeit: 15 min

1. Die Salatblätter in große Stücke zupfen. Ananas schälen, den harten inneren Kern herausschneiden und das Fruchtfleisch in große Stücke oder Ringe schneiden.
2. Die Sprossen in ein Sieb geben, mit kaltem Wasser abspülen und abtropfen lassen.
3. Salatblätter, Ananas und Sprossen auf Tellern anrichten. KNORR Salatkrönung Joghurt-Dressing mit Honig verrühren und über den Salat träufeln.

Schon fertig: In guten Supermärkten gibt es frische Ananas bereits geschält und zerlegt gekühlt zu kaufen.

Bunter Frühlingssalat

Spinat

Händler unterscheiden feinblättrigen Frühlingsspinat, Sommerspinat und den etwas derberen Winterspinat. Auch wenn der Eisengehalt der herzhaften Blätter bei weitem nicht so hoch ist, wie früher angenommen (3 mg/100 g): Spinat ist trotzdem gesund! Er steckt voller Mineralstoffe und Vitamine. Warum also die Blätter nicht öfter mal roh essen und von den Wellness-Stoffen profitieren?

Zutaten für 3–4 Portionen

1 Bund Radieschen
1/2 Bund Frühlingszwiebeln
3 Eier
1 Beutel KNORR Salatkrönung »Würzige Gartenkräuter«
3 EL Keimöl, z.B. MAZOLA
100 g Kopfsalat, 100 g Lollo rosso
100 g Spinat
1 Beutel KNORR Salatkrönung Croutinos mit Sonnenblumenkernen

Pro Portion (bei 4 Port.)
775 kJ/185 kcal, 7 g Eiweiß
14 g Fett, 7 g Kohlenhydrate

Zubereitungszeit: 20 min

1. Radieschen und Frühlingszwiebeln in Scheiben schneiden. Die Eier in 8–10 Minuten hart kochen, ringsherum anschlagen und in kaltes Wasser legen. Die Schale entfernen und das Eigelb vorsichtig herauslösen. Das Eiweiß in kleine Würfel schneiden.
2. KNORR Salatkrönung in eine Schüssel geben. Mit 3 EL Wasser und Keimöl gut verrühren. Beide Blattsalate, die Spinatblätter, Radieschen und Frühlingszwiebeln mit dem Kräuterdressing mischen.
3. Zum Schluss KNORR Salatkrönung Croutinos über den fertigen Frühlingssalat streuen.

Brunnenkresse-Eier-Salat mit Kartoffelwürfeln

Zutaten für 4 Portionen
400 g Kartoffeln
1/2 TL Kümmel
4 Eier
1 kleines Bund Frühlingszwiebeln
2 Beutel KNORR Salatkrönung »Paprika-Kräuter«
150 g Brunnenkresse (ersatzweise Rucola)
3 EL Olivenöl, z.B. BERTOLLI
1 TL Senf

Pro Portion
990 kJ/236 kcal, 9 g Eiweiß
14 g Fett, 18 g Kohlenhydrate

Zubereitungszeit: 35 min

1. Kartoffeln mit der Schale in kochendem Wasser mit Kümmel ca. 20 Minuten garen. Die Eier in 8–10 Minuten hart kochen. Frühlingszwiebeln in feine Ringe schneiden.
2. Die Kartoffeln pellen und würfeln. 1 Beutel KNORR Salatkrönung mit 6 EL heißem Wasser verrühren und mit den Kartoffeln vermischen. Grobe Stiele von der Brunnenkresse abzwicken.
3. Den zweiten Beutel KNORR Salatkrönung mit 3 EL Wasser, Olivenöl und Senf verrühren. Kartoffeln, Frühlingszwiebeln und Kresse mit dem Dressing mischen. Die Eier schälen, sechsteln und auf dem Salat verteilen.

Tipp: Wer den Salat etwas anreichern möchte, nimmt statt des klaren Salatdressings 2 Becher KNORR Salatkrönung Sauerrahm-Dressing »Senf-Kräuter« und reicht 100 g Roastbeef in dünnen Scheiben dazu.

Hungern bringt nichts. Wer abnehmen will, muss essen. Richtig essen! Besonders günstig ist die Kombination von frischem Gemüse, Kartoffeln und Ei. Sie verleiht geballte Energie für viele Stunden, belastet aber das Kalorienbudget kaum.

Augenweide

Blüht im Sommer die Kapuzinerkresse im Garten? Dann freuen Sie sich und schmücken einen Blattsalat mit den leuchtenden orangefarbenen Blüten. Auch fein gehackte junge Blätter der Gartenpflanze geben vielen Salaten frische Würze und Aroma.

Erdbeeren im Salat – das ist eher ungewöhnlich, aber auch ungewöhnlich lecker! Das feine süße Fruchtaroma passt verblüffend gut zu Gurken, Schafskäse und frischer Minze.

Spinatsalat mit Erdbeeren

Zutaten für 2 Portionen

200 g frischer Blattspinat, ersatzweise Eisberg- oder Römersalat
100 g Schafskäse (Feta)
1 Salatgurke, 150 g Erdbeeren
1–2 Zweige frische Minze
1 Beutel KNORR Salatkrönung »Kräuter der Provence«
3 EL Keimöl, z.B. MAZOLA

Pro Portion

1300 kJ/310 kcal, 11 g Eiweiß
25 g Fett, 9 g Kohlenhydrate

Zubereitungszeit: 25 min

1. Die Spinatblätter etwas zerkleinern, den Schafskäse würfeln. Die Gurke schälen, der Länge nach halbieren, entkernen und in Scheiben schneiden. Die Erdbeeren vierteln und die Minzblättchen klein schneiden.
2. KNORR Salatkrönung mit 3 EL Wasser und Keimöl verrühren. Salat kurz vor dem Servieren mit dem Dressing mischen.

So süß: Außerhalb der Erdbeersaison den Salat mit reifer Mango zubereiten. Die Frucht schälen, den Kern entfernen und das saftige Fruchtfleisch in Stücke schneiden.

Feldsalat mit Forelle

Tolle Blätter

Egal, ob der Salatkopf grün, rötlich oder bräunlich aussieht, er liefert so gut wie keine Kalorien. Dafür finden sich in den zarten Blättern reichlich Antioxidantien, also Stoffe, die das Immunsystem stärken und vor frühzeitiger Alterung schützen. Überhaupt: Wer viel Gemüse isst, kann sich besser konzentrieren und verbessert seine Leistungsfähigkeit.

Zutaten für 4 Portionen

125–150 g Feldsalat
oder Römersalat
1/2 Salatgurke
1/2 Bund Radieschen
2 hart gekochte Eier
4 geräucherte Forellenfilets (à 80 g)
1 Beutel KNORR Salatkrönung »Dill-Kräuter«
3 EL Keimöl, z.B. MAZOLA

Pro Portion

910 kJ/217 kcal, 22 g Eiweiß
13 g Fett, 2 g Kohlenhydrate

Zubereitungszeit: 15 min

1. Die Wurzelansätze vom Feldsalat abschneiden. Römersalat in Streifen schneiden. Salatgurke schälen, der Länge nach halbieren, die Kerne entfernen und das Fruchtfleisch in dünne Scheiben schneiden.
2. Radieschen in dünne Scheiben schneiden. Die Eier schälen und grob würfeln. Die Forellenfilets in Stücke teilen.
3. KNORR Salatkrönung mit 3 EL Wasser und Keimöl verrühren. Salat und Forellenfilets auf 4 Tellern anrichten und kurz vor dem Servieren das Salatdressing darüber träufeln.

Scharfmacher: 1 TL geriebenen Meerrettich in das Dressing geben. Forellenfilets mit Sahnemeerrettich anrichten.

Fenchel-Möhren-Salat

Zutaten für 4 Portionen
1 große Möhre (ca. 200 g)
1 Fenchelknolle (ca. 350 g)
1 Zucchini (ca. 250 g)
80 g Parmesan am Stück
2–3 EL Walnusskerne
1 Beutel KNORR Salatkrönung »Zwiebel-Kräuter«
3 EL Keimöl, z.B. MAZOLA

Pro Portion
1015 kJ/243 kcal, 11 g Eiweiß
19 g Fett, 7 g Kohlenhydrate

Zubereitungszeit: 20 min

1. Die Möhre schälen und in Scheiben schneiden. Fenchel und Zucchini ebenfalls in Scheiben schneiden. Den Käse mit einem Gemüsehobel oder einem Sparschäler in dünne Scheiben hobeln. Walnusskerne klein hacken.
2. KNORR Salatkrönung mit 3 EL Wasser und Keimöl verrühren. Salatzutaten in eine Schüssel geben und mit dem Salatdressing mischen.

Guter Tausch: Probieren Sie statt der Walnüsse KNORR Salatkrönung Croutinos mit Walnuss und Sojakernen.

Fenchel

Zartes fedriges Grün schmückt die hellgrünen Stiele der zwiebelförmigen Fenchelknolle. Typisch für Fenchel ist das anisähnliche Aroma. Es verleiht Salatmischungen mit frischen Früchten und Nusskernen einen besonderen Reiz. Im Einkaufskorb landen am besten schwere feste Knollen mit frischem Grün.

Feldsalat mit Roter Bete

Zutaten für 4 Portionen
125–150 g Feldsalat
2 kleine Rote Bete (300 g)
Salz, weißer Pfeffer
1 EL Weinessig
1 kleine Zucchini (ca. 150 g)
300 g Mozzarella
1 Beutel KNORR Salatkrönung »Frühlingskräuter«
3 EL Sonnenblumenöl

Pro Portion
1255 kJ/301 kcal, 16 g Eiweiß
23 g Fett, 7 g Kohlenhydrate

Zubereitungszeit: 20 min

1. Die Wurzelansätze vom Feldsalat abschneiden. Rote Bete schälen und in dünne Scheiben schneiden. In kochendes Salzwasser geben und knapp 10 Minuten garen.
2. Die Gemüsescheiben in ein Sieb abgießen, mit Salz, Pfeffer und dem Weinessig würzen. Abkühlen lassen. Zucchini und Mozzarella ebenfalls in Scheiben schneiden.
3. KNORR Salatkrönung mit 3 EL Wasser und Öl verrühren. Feldsalat auf die Teller geben, Rote Bete, Zucchini und Mozzarella zwischen den Feldsalatblättern verteilen. Kurz vor dem Servieren mit dem Salatdressing beträufeln.

Rote Bete

Die zweijährige, tief wurzelnde Rübenart besticht durch ihre intensiv rote Farbe. Wer die Knollen im Ganzen garen möchte, muss sich Zeit nehmen. Erst nach 40–60 Minuten in kochendem Salzwasser lässt sich die rubbelige Haut abziehen. Eilige Salat-Fans schneiden die roten Rüben vor dem Kochen klein. Am schnellsten geht's natürlich, wenn man sie gleich fertig gegart vakuumverpackt oder in Gläsern kauft.

Bistro-Salate

Darf es etwas mehr sein? Dann kommen
die üppigen Bistro-Salate gerade richtig.
Sie begeistern mit einer Extraportion Fisch,
Käse oder Fleisch auch als Hauptgericht.

Kartoffelsalat mit Medaillons,
Rezept Seite 117

Kräutersalat mit Fleischröllchen

Zutaten für 4 Portionen

je 1 Bund Bärlauch und Sauerampfer
125 g Löwenzahn oder Rucola
2 Beutel KNORR Salatkrönung »Frühlingskräuter«
8 EL Keimöl, z.B. MAZOLA
1/2 Bund Radieschen
4 Kalbsschnitzel (à 120 g)
Salz, Pfeffer
3–4 EL Kräuterfrischkäse
1/2 gelbe Zucchini

Pro Portion
1465 kJ/349 kcal, 29 g Eiweiß
22 g Fett, 8 g Kohlenhydrate

Zubereitungszeit: 20 min

1. Die Stiele der Kräuter abschneiden und die Kräuter auf einer Platte anrichten. KNORR Salatkrönung mit 6 EL Wasser und 6 EL Keimöl verrühren. Die Radieschen fein hacken und mit dem Kräuter-dressing verrühren.
2. Die Schnitzel leicht flach klopfen (plattieren), mit Salz und Pfeffer würzen und mit Frischkäse bestreichen. Die Zucchini grob raffeln und auf dem Fleisch verteilen.
3. Die Schnitzel aufrollen, mit Holzspießchen feststecken und in restlichem heißen Keimöl rundherum ca. 8 Minuten anbraten. Die Spießchen entfernen, die Röllchen schräg halbieren und auf den Kräutern anrichten. Das Dressing darüber träufeln.

Sauerampfer

Das saftig-grüne Kraut mit der säuerlichen Note wächst im Frühjahr wild auf einheimischen Wiesen. Im Vorfrühling kommen milde großblättrige Zuchtsorten aus Südeuropa in die Läden. Fein geschnitten verträgt sich Sauerampfer gut mit Blattsalaten und mit einem milden cremigen Dressing.

Gurken-Sellerie-Salat mit Lachs

Zutaten für 4 Portionen
50 g Rucola (Rauke)
400 g Salatgurke
300 g Staudensellerie
2 rote Zwiebeln, 150 g Tomaten
200 g Räucherlachs in Scheiben
2 Beutel KNORR Salatkrönung
»Französische Art«
4–6 EL Keimöl, z. B. MAZOLA
1 TL Senf

Pro Portion
940 kJ/224 kcal, 12 g Eiweiß
16 g Fett, 7 g Kohlenhydrate

Zubereitungszeit: 25 min

1. Rucolablätter in mundgerechte Stücke zupfen. Die Salatgurke der Länge nach halbieren, entkernen und in Scheiben schneiden.
2. Staudensellerie in Scheiben, die geschälten Zwiebeln in Ringe schneiden. Die Tomaten vierteln, entkernen und in Spalten schneiden.
3. Die Lachsscheiben aufrollen und in 3–4 cm lange Röllchen schneiden. KNORR Salatkrönung mit 6 EL Wasser, Keimöl und Senf verrühren. Die Salatzutaten auf Tellern anrichten und mit dem Dressing beträufeln.

Einige Scheiben Räucherlachs ergänzen leichte und kräftige Salate gleichermaßen. Der Fisch mit dem rosafarbenen Fleisch ist zwar inzwischen durch die Zucht erschwinglich geworden, gilt aber nach wie vor als Delikatesse. Am besten schmeckt geräucherter Lachs, wenn er in dünnen Scheiben bei Zimmertemperatur – oder sogar leicht angewärmt – serviert wird.

Staudensellerie

Sind grüne Sorten zart genug oder soll man besser hellgelbe Bündel kaufen? Egal. Hauptsache, das Gemüse ist frisch geerntet. Die Farbe spielt keine Rolle. Wichtig sind: frisches Grün und makellose saftige Stiele.

Zwei »krause Italiener«: Lollo rosso und Lollo bianco. Die beiden aus Italien stammenden Salatsorten gehören zwar zu den Pflücksalaten, doch ihre stark gekräuselten Blätter bilden eine kompakte Rosette. So entsteht schnell der Eindruck eines Kopfes. Ob »rosso« oder »bianco« ist allein eine Frage der Optik. Beide schmecken kräftig-frisch und leicht bitter.

Hähnchenleber auf Rucola

Zutaten für 4 Portionen

4 Zwiebeln
3 EL Keimöl, z.B. MAZOLA
350 g Hähnchenleber
250 g Rucola (Rauke), evtl. auch Lollo rosso oder Lollo bianco
1 rote Chilischote
2 Beutel KNORR Salatkrönung »Balsamico-Kräuter«
Zucker
2 EL Walnussöl

Pro Portion

1140 kJ/272 kcal, 19 g Eiweiß
17 g Fett, 12 g Kohlenhydrate

Zubereitungszeit: 20 min

1. Die Zwiebeln schälen, halbieren und in Spalten schneiden. Das Öl in einer Pfanne erhitzen, die Hähnchenleber und Zwiebelspalten darin unter Wenden bei mittlerer Hitze 3–4 Minuten braten, dann warm stellen.
2. Gröbere Stiele der Rucolablätter entfernen. Die Chilischote halbieren, entkernen und in Ringe schneiden. Die Hähnchenleber und Zwiebelspalten aus der Pfanne nehmen. 75 ml kaltes Wasser in die Pfanne gießen.
3. KNORR Salatkrönung mit dem abgekühlten Bratensud, 1 Prise Zucker und Walnussöl verrühren. Die Chiliringe zufügen. Rucola, Leber und Zwiebeln auf Tellern anrichten und das Salatdressing darüber gießen.

Feldsalat mit Putenbrust

Feldsalat

Ein typisches Wintergemüse: unscheinbar, mit kleinen kurzen, meist dunkelgrünen Blättchen, die eine Rosette bilden. An Boden und Klima stellt das frostharte Kraut kaum Ansprüche, nur beim Putzen muss man Geduld haben. Freilandware ist manchmal ziemlich sandig. Damit es beim Essen nicht knirscht, den Salat mehrmals waschen und trockenschleudern.

Zutaten für 4 Portionen

125–150 g Feldsalat
3 Orangen, 1 Banane
2 EL Mandelblättchen
300 g Putenbrustfilet
Salz, weißer Pfeffer
2 EL Keimöl, z.B. MAZOLA
1 Beutel KNORR Salatkrönung »Paprika-Kräuter«
150 g Vollmilchjoghurt
1/2 TL Curry, Zucker

Pro Portion

1145 kJ/274 kcal, 22 g Eiweiß
10 g Fett, 21 g Kohlenhydrate

Zubereitungszeit: 20 min

1. Die Wurzelansätze vom Feldsalat abschneiden. Die Orangen so dick schälen, dass die weiße Haut vollständig entfernt wird. Die zarten Fruchtfilets herausschneiden, dabei den austretenden Saft auffangen. Die Banane schälen, in Scheiben schneiden und mit 1 EL Orangensaft beträufeln.
2. Mandelblättchen in einer Pfanne goldbraun rösten. Putenbrustfilet in Würfel schneiden, salzen, pfeffern und in heißem Keimöl braten.
3. KNORR Salatkrönung mit Joghurt, 3 EL Orangensaft, Curry und Zucker verrühren. Feldsalat mit den Orangenfilets, Bananenscheiben und den gebratenen Putenbrustwürfeln auf Tellern anrichten. Das Dressing darüber träufeln. Den Salat mit Mandelblättchen bestreuen.

Bunte Salatvielfalt mit Ziegenkäse im Kartoffelnest

Zutaten für 3 Portionen
250 g Cocktailtomaten
6 EL Keimöl, z.B. MAZOLA
1 Packung PFANNI Bratkartoffeln
1 Beutel KNORR Fix für knuspriges Brathähnchen
2 Eier, 200 g Ziegenkäse
1 Beutel KNORR Salatkrönung »Frühlingskräuter«
200 g Blattsalat, z.B. Lollo bianco, Radicchio oder Eichblattsalat
20 g Sprossen, z.B. Radieschensprossen

Pro Portion
2415 kJ/578 kcal, 26 g Eiweiß
39 g Fett, 29 g Kohlenhydrate

Zubereitungszeit: 30 min

1. Tomaten kurz in kochendes Wasser tauchen, dann abschrecken und die Haut abziehen. 2 EL Keimöl in einer beschichteten Pfanne erhitzen. Bratkartoffeln im geöffneten Beutel mit den Händen etwas auflockern. In der Pfanne gleichmäßig verteilen und bei starker Hitze ca. 5 Minuten anbraten. In weiteren 10 Minuten bei schwacher Hitze goldbraun braten.
2. Die Kartoffeln als kleines Nest auf Tellern anrichten. Fix für Brathähnchen mit den Eiern verrühren. Den Ziegenkäse in 1 cm dicke Scheiben schneiden und in der Eimischung wenden.
3. Die Käsescheiben in 2 EL heißem Keimöl in der Bratkartoffelpfanne von beiden Seiten gleichmäßig braun braten.
4. KNORR Salatkrönung mit 3 EL Wasser und restlichem Keimöl verrühren. Blattsalat und Tomaten mit dem Dressing mischen und auf den Kartoffeln verteilen. Die Käse-Medaillons zum Salat servieren. Mit Sprossen bestreuen.

Tomaten mit Haut oder ohne? Hier gehen die Meinungen auseinander. Wellnessorientierte Salat-Fans plädieren für gesunde Ballaststoffe und geben die roten Früchte am liebsten mitsamt der Haut und den Kernen in den Salat. Wer es lieber edel mag, legt auch zarte Cocktailtomaten für eine Minute in kochend heißes Wasser, um ihnen die Haut abzuziehen.

Keimlinge

Am besten kauft man sie dort, wo sie gekühlt angeboten werden. Die Sprossen einfach auf einem Sieb kurz abspülen und ab in den Salat. Je nach Sorte schmecken sie süßlich mild bis aromatisch scharf. Sehr würzig sind Radieschen- und Senfsprossen.

Mexikanischer Bohnensalat

Die Kombination von frischem Ingwer, Knoblauch, Zitrone und Chili gibt einem Salat asiatische Würze. Einfach Ingwer und Knoblauchzehe schälen und beide durch die Knoblauchpresse ins fertig angerührte KNORR Salatkrönung Lieblingsdressing pressen. Mit fein gehacktem Chili und etwas Zitronenschale abrunden.

Zutaten für 4 Portionen

1/2 Kopf Eisbergsalat
3 Paprikaschoten (rot, gelb, grün)
1 kleine Dose Kidney-Bohnen
1 kleine Dose dicke weiße Bohnen
1 rote Chilischote
2 Beutel KNORR Salatkrönung »Paprika-Kräuter«
4 EL Keimöl, z.B. MAZOLA
1 Beutel KNORR Salatkrönung Croutinos mit Paprika und Pinienkernen
4 Weizen-Pitas (Brottaschen)

Pro Portion

2070 kJ/495 kcal, 17 g Eiweiß
15 g Fett, 71 g Kohlenhydrate

Zubereitungszeit: 25 min

1. Einige Blätter vom Eisbergsalat für die Füllung zur Seite legen, den Rest klein schneiden. Die Paprikaschoten in kleine Stücke schneiden. Bohnen in einem Sieb abtropfen lassen, die Chilischote entkernen und fein würfeln.
2. KNORR Salatkrönung mit 6 EL Wasser und Öl verrühren. Sämtliche Salatzutaten und die Croutinos untermischen. Die Brote evtl. toasten, aufschneiden und mit den Salatblättern und dem Salat füllen.

Schnell gefüllt: Weizen-Pitas, das sind knusprige Brottaschen aus ungesäuertem Hefeteig. Sie lassen sich leicht füllen und in Folie verpackt gut zum Picknick oder als Snack zur Arbeit mitnehmen.

Endiviensalat mit Schillerlocke

Zutaten für 4 Portionen
600 g fest kochende Kartoffeln
100 ml KNORR Klare Delikatessbrühe
1/2 Kopf Endiviensalat
3 Frühlingszwiebeln
2 Beutel KNORR Salatkrönung »Dill-Kräuter«
4 EL Keimöl, z.B. MAZOLA
200 g Schillerlocken

Pro Portion
1175 kJ/281 kcal, 13 g Eiweiß
15 g Fett, 22 g Kohlenhydrate

Zubereitungszeit: ca. 30 min

1. Die Kartoffeln kochen, pellen und in Scheiben schneiden. Heiße Delikatessbrühe über die noch warmen Kartoffeln geben und durchziehen lassen.
2. Endiviensalat in Streifen und die Frühlingszwiebeln in Ringe schneiden. Beides zu den Kartoffeln geben. KNORR Salatkrönung mit 6 EL Wasser und Keimöl verrühren, über den Salat geben und vorsichtig untermischen.
3. Die Schillerlocken schräg in Scheiben schneiden. Eine Hälfte unter den Salat mischen, die andere Hälfte auf dem Salat anrichten.

Tipp: Ersetzen Sie die Schillerlocken durch kleine Würstchen – das mögen Kinder besonders gerne.

Kraus und glatt: Endivie

Geerntet wird der fein-herbe Salat das ganze Jahr über. Sorten mit glatten Blättern heißen Escariol, solche mit krausen geschlitzten Blättern nennt man Frisée. Beide Sorten schmecken am besten fein geschnitten, weil sie sich dann gut mit dem Dressing verbinden können.

Endiviensalaten macht es nichts aus, wenn sie mit dem Dressing vermischt, noch ein Weilchen auf den Beginn des Essens warten müssen: Die robusten aromatischen Blätter dieser Salatpflanze fallen nicht so schnell zusammen. Das macht sie auch zu idealen Partnern in Kartoffelsalaten. Fein geschnittene Endivie verleiht den gehaltvollen Salaten pikante Frische.

Eisbergsalat

Auf dem Feld wirken die dicht geschlossenen glänzenden Köpfe des Eisbergsalats fast so groß und kräftig wie Kohl. Immerhin wiegt ein Eisbergsalatkopf bis zu dreimal so viel wie ein Kopfsalat und reicht für 2 oder 3 Mahlzeiten.

Eisbergsalat mit gebratener Hähnchenbrust

Zutaten für 4 Portionen

1 Kopf Eisbergsalat
4 Blätter Lollo bianco
je 200 g helle und blaue Trauben
4 Hähnchenbrustfilets (à ca. 150 g)
8 Scheiben durchwachsener Speck
Salz, weißer Pfeffer
5 EL Keimöl, z.B. MAZOLA
1 Beutel KNORR Salatkrönung »Frühlingskräuter«
50 ml roter Traubensaft

Pro Portion

1750 kJ/419 kcal, 44 g Eiweiß
17 g Fett, 20 g Kohlenhydrate

Zubereitungszeit: 25 min

1. Vom Eisbergsalat die äußeren Blätter entfernen. Den Salatkopf vierteln und in Spalten schneiden. Die Lollo-bianco-Blätter zu einer Rosette rollen. Die Weintrauben halbieren und nach Belieben zusätzlich entkernen.
2. Die Hähnchenbrustfilets mit je 2 Scheiben Speck umwickeln, salzen, pfeffern und in 2 EL heißem Keimöl ca. 10 Minuten braten. Herausnehmen und etwas abkühlen lassen. Dann schräg in Scheiben schneiden.
3. KNORR Salatkrönung mit Traubensaft und dem restlichen Keimöl verrühren. Den vorbereiteten Salat und die Hähnchenbrüste auf Tellern anrichten. Die Trauben darauf verteilen und den Salat mit Dressing beträufeln.

Kartoffelsalat mit Medaillons

Zwiebeln

Auch wenn beim Schneiden manchmal Tränen fließen, die scharfen Knollen sind total gesund. Das gilt für braune, rote und weißschalige Zwiebeln genauso wie für Schalotten und Frühlingszwiebeln. Sie alle sind eine prima Quelle für die oft knappen Vitamine der B-Gruppe und für Vitamin C. Kein Wunder, dass Experten raten, sie so oft wie möglich roh im Salat zu essen.

Für 2 Portionen
600 g kleine Kartoffeln
2–3 rote Zwiebeln
50 g durchwachsener Speck
300 g Schweinefilet
3 EL Keimöl, z.B. MAZOLA
Pfeffer, Salz
1 Beutel KNORR Salatkrönung »Gartenkräuter mit Knoblauch«

Pro Portion
2390 kJ/571 kcal, 43 g Eiweiß
26 g Fett, 40 g Kohlenhydrate

Zubereitungszeit: 45 min

1. Die Kartoffeln vierteln. Die Zwiebeln schälen und in Spalten schneiden. Speck in Streifen, Schweinefilet in dünne Scheiben schneiden.
2. Kartoffeln, Zwiebeln und Speckstreifen in einer beschichteten Pfanne in 2 EL heißem Keimöl anbraten. Bei schwacher Hitze 15–20 Minuten zugedeckt braten, bis die Kartoffeln gar sind, dabei ab und zu wenden. Kartoffeln pfeffern und in eine Schüssel geben.
3. Schweinemedaillons im restlichen Keimöl braten, salzen, pfeffern und zu den Kartoffeln geben.
4. KNORR Salatkrönung mit 3 EL Wasser verrühren und mit den Salatzutaten mischen.

Matjes auf gedünsteten Äpfeln

Toll dieses Dressing, so richtig schön sauer-süß! Die in einigen Gegenden sehr beliebte süße Note lässt sich mit KNORR Salatkrönung leicht hinkriegen. Das fertige Dressing einfach mit einer kleinen Dosis Zucker, Honig, Palm- oder Ahornsirup nachwürzen. Wer Kalorien sparen möchte, nimmt stattdessen flüssigen Süßstoff.

Zutaten für 8 Portionen

4 säuerliche rote Äpfel
9 EL Keimöl, z.B. MAZOLA
8 Matjes- oder Heringsfilets
1 Salatgurke
2 Beutel KNORR Salatkrönung »Würzige Gartenkräuter«
200 g saure Sahne
Pfeffer, Zucker
Dillzweige zum Garnieren

Pro Portion

1685 kJ/403 kcal, 16 g Eiweiß
32 g Fett, 13 g Kohlenhydrate

Zubereitungszeit: ca. 25 min

1. Die Äpfel in fingerdicke Scheiben schneiden. 6 EL Keimöl in einer beschichteten Pfanne erhitzen und die Apfelscheiben portionsweise darin anbraten.
2. Die Fischfilets schräg in Streifen schneiden. Die Gurke schälen und der Länge nach halbieren. Mit einem Löffel die Kerne entfernen, das saftige Fruchtfleisch würfeln. Fischstreifen und Gurkenwürfel in einer Schüssel mischen.
3. KNORR Salatkrönung mit 3 EL Wasser und restlichem Keimöl verrühren. Saure Sahne unterrühren und mit Pfeffer und etwas Zucker abschmecken.
4. Die Apfelscheiben auf Tellern anrichten und den Salat darauf häufen. Das Dressing darüber gießen. Mit Dill garnieren.

Vitello tonnato auf Radicchio

Zutaten für 4–6 Portionen
1/2 TL KNORR Delikatessbrühe
1 Dose Thunfisch im eigenen Saft
1 kleines Glas Kapern
4 EL Mayonnaise, Salz, Pfeffer
200 g Spinat, 1 Radicchio
4 EL Olivenöl, z. B. BERTOLLI
2 Beutel KNORR Salatkrönung »Italienische Art«
300 g Bratenaufschnitt

Pro Portion (bei 4 Port.)
1575 kJ/376 kcal, 31 g Eiweiß
24 g Fett, 8 g Kohlenhydrate

Zubereitungszeit: 20 min

1. Die Delikatessbrühe in 4 EL heißem Wasser auflösen und erkalten lassen. Den Thunfisch auf einem Sieb abtropfen lassen.
2. Thunfisch, Kapern (Sud auffangen), Delikatessbrühe und Mayonnaise pürieren, mit Salz und Pfeffer abschmecken.
3. Spinat- und Radicchioblätter in Stücke zupfen. Olivenöl, 2 EL Kapernsud, 4 EL Wasser und KNORR Salatkrönung verrühren und mit den Salatblättern mischen.
4. Bratenaufschnitt zusammen mit dem Salat auf einer Platte anrichten, etwas Thunfischcreme auf den Braten geben, den Rest separat servieren.

Radicchio

Hier glänzen die faustgroßen Köpfe des beliebten Wintersalats in intensivem Burgunderrot. Hell gestreifte und rot-weiß gesprenkelte Sorten unterscheiden sich zwar optisch, schmecken aber ähnlich – nämlich zart-bitter. Legt man die Blätter kurz in lauwarmes Wasser, kann man den Bittergeschmack etwas mildern.

Die schönen roten Radicchioköpfe sind schnell geputzt. Falls nötig, entfernt man einige der äußeren, manchmal unansehnlichen Blätter. Dann die Köpfe in der Mitte durchteilen und zerkleinern. Falls Kinder, die oft empfindlich auf Bitteres reagieren, mitessen, schneidet man den hellen Stielansatz besser heraus. Sonst kann man ihn fein gewürfelt unter den fertigen Salat mischen.

Blattsalate der Saison mit gebackenen Pilzbroten

Zutaten für 4 Portionen

300 g Pilze, z.B. Champignons
2 EL Margarine, 1 Knoblauchzehe
1 Packung KNORR Tomato al Gusto »Kräuter«
Salz, Pfeffer, 8 Scheiben Toastbrot
2 Eier, 1 EL Milch
2 EL Keimöl, z.B. MAZOLA
100 g Cocktailtomaten
150–200 g Blattsalate, z.B. Römersalat, Batavia, Frisée, Radicchio
1 Becher KNORR Salatkrönung Joghurt-Dressing »Würzige Gartenkräuter«

Pro Portion

1465 kJ/349 kcal, 11 g Eiweiß
21 g Fett, 28 g Kohlenhydrate

Zubereitungszeit: 40 min

1. Die Pilze klein schneiden und in heißem Fett anbraten. Knoblauch schälen, durch die Presse drücken und zufügen. Tomato al Gusto zugeben und alles so lange offen garen, bis die Flüssigkeit fast verdampft ist. Mit Salz und Pfeffer würzen.
2. Von den Toastscheiben die Rinde abschneiden und das Brot mit einem Teigroller flach rollen. Die Pilzfüllung auf 4 Toastscheiben geben, dabei rundherum einen schmalen Rand frei lassen. Die Füllung mit den übrigen Toastscheiben bedecken und die Brotränder zusammendrücken. Eier mit Milch verrühren, die Brote darin wenden. In heißem Öl von beiden Seiten braten, bis sie goldbraun sind. Jedes Brot diagonal durchschneiden.
3. Cocktailtomaten halbieren und mit den Blattsalaten auf 4 Teller verteilen. KNORR Salatkrönung Joghurt-Dressing darüber geben und die Pilzbrote frisch aus der Pfanne dazu servieren.

Der eine liebt braune Champignons, der andere weiße. Im Salat schmecken beide gleich gut. Wichtig ist allerdings die Größe. Kleine Exemplare mit fest geschlossenem Hut sind ideal. Ihr nussähnliches Aroma bleibt am besten erhalten, wenn man die Pilze nicht wäscht, sondern nur die Stiele abschneidet und anhängenden Schmutz mit einer Bürste oder einem Pinsel entfernt.

Frisch halten

Legt man Salat in den Kühlschrank, bleiben auch empfindliche Sorten für ein, zwei Tage frisch. Ideale Lagerbedingungen entstehen aber nur, wenn die Köpfe nach Sorten getrennt in Klarsichtfolie oder Plastikbeutel verpackt werden.

Kürbis

Neuerdings bieten gut sortierte Gemüseläden diese kalorienarme Gemüsesorte wieder häufiger an. Meist ist es Importware aus Südamerika, Osteuropa oder Frankreich. Kürbisse können rund, länglich oder keulenförmig sein, gelb rötlich, weiß oder gefleckt. Mal sind sie saftiger, mal mehliger. Hartschalige Sorten gart man vorher; zarte Sommersorten schmecken roh im Salat.

Geflügelsalat auf Kürbisgemüse

Zutaten für 3–4 Portionen

ca. 500 g Kürbis
3–4 EL Keimöl, z.B. MAZOLA
200 ml Gemüse-Kraftbouillon
1/2 TL Essig, z.B. Sherryessig
1 TL Zucker, Salz, Pfeffer
250 g Hähnchenbrustfilet
2–3 Stangen Staudensellerie
1 roter Apfel
1 Becher KNORR Salatkrönung Sauerrahm-Dressing »Senf-Kräuter«
2–3 EL Walnusskerne

Pro Portion (bei 4 Port.)
1420 kJ/340 kcal, 19 g Eiweiß
23 g Fett, 15 g Kohlenhydrate

Zubereitungszeit: 30 min

1. Den Kürbis schälen und die Kerne entfernen. Das Fruchtfleisch in dünne Scheiben schneiden und in einer Pfanne in 1–2 EL heißem Öl andünsten. Gemüse-Kraftbouillon, Essig und Zucker zufügen und das Gemüse zugedeckt ca. 5 Minuten garen. Mit Salz und Pfeffer würzen und abkühlen lassen.
2. Das Fleisch in Streifen schneiden und in restlichem heißen Öl braun braten, mit Salz und Pfeffer würzen und in der Pfanne abkühlen lassen. Selleriestangen in feine Stücke schneiden, den Apfel würfeln. Das Fleisch mit Sellerie- und Apfelstücken und mit KNORR Salatkrönung Sauerrahm-Dressing vermischen.
3. Die Kürbisscheiben auf flachen Tellern ausbreiten, den Geflügelsalat darauf verteilen und mit grob gehackten Walnusskernen bestreuen. Falls einige hübsche Blätter vom Staudensellerie übrig sind, den Salat damit garnieren.

Bratkartoffelsalat mit Basilikum

Portulak

Der kleinblättrige Sommerportulak wächst in Hausgärten und schmeckt scharf-säuerlich. Die Blätter des Winterportulaks dagegen sind größer und erinnern etwas an Klee. Sie schmecken so mild, dass man sie großzügig dosieren kann. Winterportulak findet man in grünen Läden oder auch beim Biobauern auf Wochenmärkten.

Zutaten für 3–4 Portionen

500 g Salatkartoffeln
(am besten neue Kartoffeln)
Salz
1–2 EL Olivenöl, z.B. BERTOLLI
Pfeffer
150 g Cocktailtomaten
1/2 Bund Basilikum oder Portulak
1 Becher KNORR Salatkrönung
Crème fraîche-Dressing
»Mediterrane Art«
2 EL geröstete Sesamsamen

Pro Portion (bei 4 Port.)
1030 kJ/246 kcal, 4 g Eiweiß
17 g Fett, 19 g Kohlenhydrate

Zubereitungszeit: 30 min

1. Die Kartoffeln unter fließendem Wasser gründlich abbürsten, denn die Schale wird mitgegessen. Kartoffeln in Salzwasser ca. 20 Minuten garen, abgießen und der Länge nach halbieren. Die Kartoffelhälften in heißem Olivenöl goldbraun braten. Mit Salz und Pfeffer würzen und etwas abkühlen lassen.
2. Die Tomaten halbieren. Basilikumblättchen abzupfen und evtl. etwas zerkleinern. Die Kartoffeln mit den Tomatenhälften und dem Basilikum auf Tellern anrichten. KNORR Salatkrönung Crème fraîche-Dressing über den Salat träufeln. Mit Sesam bestreuen.

Tipp: Im Frühjahr für den Kartoffelsalat mal Portulak oder Kerbel statt Basilikum verwenden.

Glatte Petersilie

Gut gewachsen und hoch aromatisch ist die Petersilie aus kontrolliertem Gewürz-Kräuter-Anbau, wie sie auch für KNORR Salatkrönung verwendet wird. Noch vor der Ernte überprüfen Experten die Qualität: Farbe, Größe, Geschmack und Feuchtigkeitsgehalt müssen stimmen. Von 12 kg frischem Kraut bleibt nach dem Trocknen nur etwa 1 kg Petersilie übrig.

Lauch-Speck-Salat

Zutaten für 1–2 Portionen

500 g Lauch
25 g durchwachsener Speck
1 Ei
3 EL Keimöl, z. B. MAZOLA
1 Beutel KNORR Salatkrönung »Tomate-Kräuter«
evtl. einige Blätter Kopfsalat

Pro Portion (bei 1 Port.)
1115 kJ/266 kcal, 9 g Eiweiß
22 g Fett, 8 g Kohlenhydrate

Zubereitungszeit: 25 min

1. Den Lauch in dünne Ringe schneiden, den Speck würfeln. Das Ei in 8–10 Minuten hart kochen, schälen und in kleine Würfel schneiden.
2. Die Speckwürfel in einer großen Pfanne in 1 EL heißem Keimöl anbraten. Die Lauchringe zufügen und in ca. 3 Minuten gar dünsten.
3. Lauch-Speck-Mischung in eine Schüssel geben. KNORR Salatkrönung mit 3 EL Wasser und dem restlichen Öl verrühren und untermischen. Den Salat kurz ziehen lassen und nach Belieben auf ein paar Kopfsalatblättern anrichten. Mit den Eiwürfeln bestreuen.

Zucchinisalat mit Schafskäse

Zutaten für 4 Portionen
500 g Zucchini, 4 Strauchtomaten
1 Zwiebel, 100 g Schafskäse (Feta)
2 Beutel KNORR Salatkrönung »Gartenkräuter mit Knoblauch«
6 EL Tomatensaft
4 EL Olivenöl, z.B. BERTOLLI
1–2 EL Aceto balsamico
1 Beutel KNORR Salatkrönung Croutinos mit Zwiebeln

Pro Portion
955 kJ/227 kcal, 8 g Eiweiß
17 g Fett, 10 g Kohlenhydrate

Zubereitungszeit: 20 min

1. Zucchini in feine Scheiben und dann in Stifte schneiden. Die Tomaten achteln und evtl. entkernen. Die Zwiebel und den Schafskäse würfeln.
2. KNORR Salatkrönung mit Tomatensaft, Olivenöl und dem Balsamessig verrühren. Die vorbereiteten Salatzutaten mit dem Dressing mischen.
3. KNORR Salatkrönung Croutinos kurz vor dem Servieren über den Salat streuen.

Tipp: Den Salat mit ein paar Löwenzahn- oder Rucolablättern anrichten.

Feta

Ursprünglich liebten vor allem die Griechen den in Salzwasser (Lake) eingelegten weißen Frischkäse aus Schafsmilch. Heute ist der leicht säuerlich schmeckende Käse so begehrt, dass er längst in ganz Europa hergestellt wird – und wegen der großen Nachfrage meist aus Kuhmilch.

blitz schnell

Meze

So nennt man in der Türkei, in Griechenland und auf Zypern kleine herzhafte Leckerbissen, die zusammen mit Wein oder anderen alkoholischen Getränken serviert werden. Typisch sind z.B. auch kleine Gerichte mit Schafskäse. Dafür etwas Olivenöl mit Zitronensaft verquirlen und über Fetawürfel träufeln. Mit frischen Lorbeerblättern und Zitronenscheiben garnieren und zu Tomaten und Fladenbrot genießen.

Über dieses Buch

Haftungsausschluss

Die Inhalte dieses Buches sind sorgfältig recherchiert und erarbeitet worden. Dennoch kann weder die Redaktion noch der Verlag für die Angaben eine Haftung übernehmen.

Redaktion und Verlag danken The Greenery, einem der führenden europäischen Erzeuger und Vermarkter von Obst, Gemüse und Pilzen, für die freundliche Unterstützung.

Impressum

Es ist nicht gestattet, Abbildungen und Texte dieses Buches zu digitalisieren, auf PCs oder CDs zu speichern oder auf PCs/Computern zu verändern oder einzeln oder zusammen mit anderen Bildvorlagen/Texten zu manipulieren; es sei denn mit schriftlicher Genehmigung des Verlages.

Lizenzausgabe für Knaur Ratgeber Verlage.
Ein Unternehmen der Droemerschen Verlagsanstalt
Th. Knaur Nachf. GmbH & Co. KG, München
© 2004 Verlagsgruppe Weltbild GmbH,
Steinerne Furt 67, 86167 Augsburg
2. Auflage 2004
Alle Rechte vorbehalten

Idee, Konzept und Texte: Bookie Editing Hamburg/Irsee
Rezepte: Unilever Bestfoods Deutschland GmbH, Hamburg
Redaktion: Bookie Editing Hamburg/Irsee
Projektleitung: Dr. Ulrike Strerath-Bolz
Schlussredaktion: Karin Schanzenbach
Umschlaggestaltung: Büro N2, Andreas Lange
Gestaltung, Lithos und Produktion:
Grizeto Produktionsverlag, 87660 Irsee
Druck und Bindung: Appl Firmengruppe GmbH,
Senefelderstraße 3–11, 86650 Wemding

Gedruckt auf chlorfrei gebleichtem Papier
Printed in Germany

ISBN 3-426-66949-8

Bildnachweis

The Greenery: 13 o., 14 o., 15 r., 16 o., 19 o., 21 r., 23 u., 29 u., 39 o., 39 u., 45 o., 45 u., 49 u., 51 o., 52 o., 67 r., 75 o., 83 r., 89 r., 95 u., 103 u., 105 u., 109 u., 111 u., 115 u., 116 o., 119 u., 121 o., 121 u., U1 u., U4 l.
PhotoAlto/Jean-Blaise Hall: 17 u., 37 u., 66 o., 75 u., 76 o., 84 o., 102 o.
PhotoAlto/John Dowland: 30 o., 34 o.
Stock Photo/Image 100: 36 o., 81 o.
Stock5.com/F. Hinrichs: U1 (3 v.u.)
Alle anderen Fotos: Unilever Bestfoods Deutschland GmbH

KNORR, KNORR Salatkrönung, KNORR Salatkrönung Croutinos, BERTOLLI, MAZOLA, PFANNI und BECEL sind eingetragene Marken. Abweichend von den im vorliegenden Buch genannten Varietäten-Bezeichnungen von KNORR Salatkrönung sind in Österreich und der Schweiz Varietäten mit teilweise anderen Bezeichnungen bzw. anderen Zutaten erhältlich.

Rezeptregister

Rezeptregister